間接材調達改革の進め方

日本アイ・ビー・エム株式会社
グローバル・ビジネス・サービス事業本部 著

中央経済社

は じ め に

　近年日本企業でも間接材調達改革の取組みが広がっている。売上成長鈍化に対応する利益貢献，海外企業とのコスト競争力確保の源泉，コンプライアンス強化などの背景から，これまで手をつけてこなかった間接材調達に注目が集まっている。また，間接材を対象として，安価に短期間で導入可能なクラウドベースのシステムも台頭しており，この取組みを後押ししている。

　これまで生産に直結する原材料，資材，部品などの直接材には調達部門が品質，価格，納期，コンプライアンスの観点で徹底的に取組みを行ってきている。一方で間接材に関しては，各部門で独自に選定したサプライヤーから調達している品目・サービスが多く，これを全社のスケールメリットを生かして集約し，仕様を統一し，1社もしくは数社のサプライヤーから有利な条件で調達することで大きなコスト削減を実現することが可能である。

　ただ，改革がうまく進まず，十分な成果が得られないケースが多いのが現実である。

　そもそも間接材調達は各部門に任せていたために，全社レベルでどのような品目やサービスをどれだけ買っているかを把握できていないことが多い。この支出分析から難航し，改革による投資対効果を試算できず取組みを本格化できないケースすらある。

　一歩進んで調達部門主導で改革を進めたものの，これまで予算内であれば自由裁量でサプライヤーを選定し調達していた間接材を，調達部門

が選定したサプライヤーから決められた物品やサービスしか選択できなくなることへの反発が強く，改革が頓挫してしまうケースが多い。これが効果創出の一番の阻害要因である。

　更には，これまで各部門任せの期間が長いため，品目によっては部門が調達行為を聖域化して調達部門が手を付けられなくなっているケースもある。

　また，間接材コスト削減を一過性の取組みとして実施すると，一定期間が過ぎると元に戻ってしまったケースもよくある話だ。

　一方で，先進的な企業では間接材においても全社共通の調達組織を設置し，この調達組織に，サプライヤー選定と価格交渉の権限，見積り・発注処理を集約している。そして，品目専門のバイヤーが高度な専門性を発揮し，要求元部門からの要求仕様を踏まえてソーシングを行っている。

　また，全社の品目別の支出を可視化し実現可能なコスト低減策を検討しておき，企業の経営状況に応じて支出をコントロールしている。

　弊社も90年台前半からグローバルレベルで調達改革を進めた歴史があり，日本でもこの間接材調達改革を成功させている。過程ではさまざまな課題もあったが，取組み方を間違えなければ改革を成功させることはできるのである。

　間接材調達改革は，調達部門主導で取り組むだけでは成果を出すことが難しい。総論賛成で取組みをはじめるものの，各部門から各論反対で済し崩し的に頓挫することが多い。この改革は，経営トップの全社改革としての強力なリーダーシップのもとで，調達部門にコスト削減責任と実現に必要な権限を付与することからはじまる。そして，調達部門が専

門性を発揮し，要求元部門の理解と信頼を得ながら改革を推進していくことではじめて成果は実現する。権限のない調達部門に責任だけを押し付けても成果はでない。

　間接材調達改革を成功させるために，本書は調達部門の方々だけでなく，全社改革としてリーダーシップを発揮いただく経営トップ，マネジメント層の方々にも是非ご覧いただきたい。

　弊社は調達領域のコンサルタントだけではなく，実際に弊社調達部門で日本の調達改革を推進した実務経験者や品目別の高度な専門性をもったバイヤーで構成されたチームで，あるべき姿の定義から，組織・規程の設計，業務プロセス設計，システム導入支援はもちろん，定型オペレーション業務のアウトソーシングサービス，品目別のソーシングサービスの提供まで網羅しご支援をさせていただいている。

　本書では，これまで多くの日本企業の間接材調達改革を支援してきた経験を踏まえ，改革の進め方，検討すべきポイントと対策，陥りやすい難所について，具体的に記載している。

　本書が間接材調達改革に取り組まれる方々の，「どのように改革を始めるべきか」「各部門の理解と協力を得て進めるためには何が必要か」「改革の実現に検討すべき項目はなにか」といった課題解決の一助になれば幸いである。そして，頓挫することなく是非改革を実現していただきたい。

2019年7月

監修者　田村　直也

CONTENTS
間接材調達改革の進め方

はじめに *i*

序章 今，なぜ，間接材調達改革なのか？

1 間接材調達改革を進める3つの理由 ──────── 2

1 間接材は宝の山…3

(1) 間接材調達改革の効果…3

(2) プロジェクト費用…5

2 コンプライアンスの確立と経営リスクへの対処…5

3 事業の成長を支える経営インフラの強化…6

4 間接材調達改革は一石三鳥…7

5 人手不足に対応した業務の外部化…8

2 間接材の定義 ──────────────────── 8

3 間接材調達改革の目指す真のゴールは ──────── 10

1 資金を管理，統制する仕組みの確立…10

2 改革の事例(1)：出張旅費のコントロール…11

3 支出コントロールは社員満足度の管理…12

4 改革の事例(2)：海外出張における社員の安全確保…13

第1章 最適化の進め方と改革実行に伴う疑問

1 どこに，最適化余地があるのか ——————— 16

1 間接材を調達するプロがいない…16

2 コスト，最適解を追求している人がいない…18

3 スケールメリットを追求していない…19

4 支出が可視化されていない（IT インフラがない）…19

2 どのように，支出を削減していくのか ——————— 20

1 比較的簡単に短期で実現できるもの…21

(1) より適切な最先端の単価に置き換える…21

(2) 不必要なものは買わせない…21

(3) 新サービスモデルの適応…23

2 標準化が必要で，さまざまな調整に時間がかかるもの…24

(1) 集約（標準化）によるスケール拡大…25

(2) 仕様変更による低価格品への置き換え…25

(3) 仕様書の作成による再交渉…25

(4) 購入ルート，サプライヤーの変更…26

(5) 社内統制による購入ボリュームの保証（コミットメント）…26

3 ユーザー・マネジメント…27

3 改革実行に伴う疑問への回答 ——————— 28

1 本当に，改革を実現できるのか？…28

(1) ルール違反の取締り…28

(2) PC（パソコン）集約の事例…29

2 間接材部門の確立はコストがかかる？…29

(1) 発注コスト，発注オペレーションの手間について…30

(2) ソーシングコスト，バイヤーの手間…32

CONTENTS **III**

3 日本企業は遅れている？…33

4 プロジェクトの ROI はどうする？…34

第2章 組織変革

1 間接材調達部門の確立 ——————————— 39

2 オペレーションセンターの設立 ——————————— 40

3 ユーザー主管部門の確立 ——————————— 41

4 トップマネジメントのリーダーシップ ——————— 42

5 オペレーションセンター外部化の検討 —————— 43

1 プロセスコストの視点…43

2 社内統制の視点…44

第3章 間接材調達の基本

1 間接材調達の定義 ——————————— 48

2 間接材調達の役割・責任と権限の設定 ——————— 49

3 要求元と調達部門の明確な分離
（支出承認と調達承認）——————————— 50

4 間接材調達の対象範囲の確定 ——————————— 51

1 価格低減効果…52

2 ビジネスコントロール…53

3 サービス調達の取り込み…57

⑴ トラベル…59

⑵ 食　堂…60

⑶ コーポレートカード…60

⑷ 保　険…61

⑸ ユーティリティ…62

5 支払いプロセスの集約 ———————————— 62

1 注文書…63

2 請求書…63

3 社員立替…63

6 価格低減の計り方 ———————————————— 64

1 使用目的…65

2 測定起点と計上期間…66

3 種　類…66

7 サプライヤー・マネジメントと ユーザー・マネジメント ———————————— 68

第 4 章　サプライヤー・マネジメント

1 品目分類に基づいた調達データの可視化 ————— 70

2 取引先名称の名寄せの推進 —————————————— 73

3 重複登録取引先コードの最小化 ———————————— 74

4 新規取引先登録プロセスの構築 ———————————— 76

5 調達パターンの整理 ————————————————— 77

1 現状分析と推奨パターンへの変更…77

2 物品注文とサービス注文の特徴…83

⑴ 成果物の有無…83

⑵ 納期と期間…84

⑶ 分納の有無…84

6 見積仕様書の種類 ——————————————— 86

1 購入品・サービス内容の特定…87

2 納入条件・サービス提供条件の特定…89

3 支払い条件の特定…90

4 回答項目の指定…91

7 取引先の層別化 (Supplier Segmentation) の考え方と進め方 ——————————————— 92

1 戦略取引先 (プレミアムコア　サプライヤー)…94

2 指定取引先 (プリファード　サプライヤー)…95

3 一般取引先 (バックアップ　サプライヤー)…95

4 継承取引先 (アクワイアード　サプライヤー)…95

5 業務連携取引先 (ビジネスコラボレーション)…96

6 潜在取引先 (ポテンシャル　サプライヤー)…96

8 取引先評価の考え方と進め方 ——————————————— 98

9 競合評価の考え方と進め方 ——————————————— 100

参考資料1 新規取引先仮登録フロー…102

参考資料2 新規取引先登録＆契約締結フロー…104

参考資料3 競合評価フロー…113

第 5 章　調達部門の組織編制

1 品目別ソーシング戦略グループの編制 ——————————————— 127

2 戦略ソーシング・戦術ソーシング・調達オペレーションの分離と編制 ——————— 129

1 戦略ソーシングの役割…130

2 戦術ソーシングと調達オペレーションの役割…131

第6章 ユーザー・マネジメント

1 5つのコンプライアンス ——————————————— 136

1 システムコンプライアンス…137

2 プロセスコンプライアンス…138

3 サプライヤーコンプライアンス…140

4 トランザクションコンプライアンス…140

5 コグニティブコンプライアンス…141

2 ユーザー・マネジメント強化方法 ————————————— 142

3 要求部門専任調達担当制度の導入 ———————————— 143

4 主管部門制度の導入 ——————————————————— 148

5 カタログ調達における主管部門の関わり方 ———————— 151

第7章 戦略ソーシングの進め方

パターン1 主要取引先選定 ———————————————————— 156

パターン2 カタログ集約化 ———————————————————— 158

パターン3 買い方の変更（Game Rule Change）：分割 ——————— 160

| パターン 4 | 買い方の変更（Game Rule Change）：分割と統合 ————— 162 |

| パターン 5 | 買い方の変更（Game Rule Change）：管理会社の追加 ————— 164 |

第8章 IT システムの必要性

1 オペレーション・システム ————————————— 169

1 システム化による合理化…170

2 品目分類コードの付与…170

3 充実したカタログ機能…171

4 ガバナンスツールとしての IT 活用…172

(1) データ登録のコントロール…172

(2) 統制プロセスの実現…173

2 ソーシング・システム ————————————— 173

1 サプライヤー情報共有のインフラ…174

2 プロセスの徹底およびバイヤーの育成…176

3 データの再利用による効率化と質の向上…177

(1) 経験の再利用。アセット化による合理化と質の向上…177

(2) 過去の履歴からのデータ考察…177

第9章 プロジェクト管理

1 調達改革の立ち上げ ————————————— 180

1 企画時のポイント…180

2 企画書の構成…181

⑴　経営貢献…181

⑵　調達基盤の目指す姿…181

⑶　必要なリソースと投資額…182

3　企画書構成要素の検討方法…182

2　支出分析でプロジェクト ROI を説明 ——————— 183

1　企画時の支出分析の目的…183

2　分析データの対象範囲…184

3　分析データの整理…185

4　品目カテゴリの付与…186

⑴　トランザクションデータの情報量…186

⑵　品目特性および物品・サービスを提供するサプライヤー群…186

5　機械学習の活用…187

6　コスト削減余地の算出…188

7　ソーシング計画の立案…188

⑴　目標コスト削減額…189

⑵　アサイン可能な戦略ソーシングバイヤー人数と
　　スキルセット…189

⑶　調達基盤の整備状況…189

⑷　品目別取組み優先順位…190

8　必要なリソースと投資額の算出…190

⑴　企画・全体管理チーム…190

⑵　戦略ソーシングチーム…191

⑶　オペレーションチーム…191

⑷　システム導入・運用チーム…192

3　調達基盤の目指す姿を描く ——————————— 192

1　目指す姿を具体化する重要性…192

CONTENTS **IX**

2 目指す姿の検討アプローチ…193

3 目指す姿に向けた調達部門全体計画の立案…194

4 プロジェクト活動の推進 —————————— 194

第10章 プロジェクト費用

1 システム関連費用 ————————————— 199

2 業務関連費用 —————————————— 200

序　章

今，なぜ，
間接材調達改革なのか？

1　間接材調達改革を進める3つの理由

2　間接材の定義

3　間接材調達改革の目指す真のゴールは

昨今，間接材領域に関する問い合わせを受けることが非常に多い。数年前まではそれほど脚光があたる領域ではなかったが，最近は多くの企業がこの領域の改革を進めている。その理由としては，この領域の改革がコストや効率に対する効果が大きいとが認知され始めたこと，グローバル化や事業の拡大など経営環境が変化し改革の必要性が増してきたこと，優れたパッケージ・システムの出現により改革が進めやすくなってきたことなど，さまざまな要因があげられるだろう。

この分野への関心が高まる一方，どのように改革を進めればよいのか，誰に何を頼めばよいのか，多くの方が疑問を持ちながら答えを得られず，我々に対して質問を投げかける方も増えている。こうした多くの疑問を解消するために，本書では改革の実際を，概念から現場での進め方に至るまで，実例などを織り交ぜながら，詳しくまとめた。

序章では，間接材調達改革の概要とプロジェクトの起案に際し，皆様からよく質問される疑問点に関して説明している。第1章では，最適化の進め方として，どこに最適化や費用削減の余地があり，それをどのような施策で解消していくのか，その全体像を説明する。第2章以降は，実践編として，組織変革，具体的なソーシングやオペレーションの進め方，IT，プロジェクト体制について説明する。

1 間接材調達改革を進める3つの理由

間接材調達改革を進める理由は，各社さまざまだが，概ねこの3つに大別される。

間接材調達改革を進める3つの理由
1）「間接材」は宝の山

序章　今，なぜ，間接材調達改革なのか？　3

2）コンプライアンスの確立。経営リスクへの対処

3）事業の成長を支える経営インフラの強化

1　間接材は宝の山

(1)　間接材調達改革の効果

　これまであまりフォーカスされてこなかったが，企業における間接材の支出金額は意外に大きい。業種によって異なるが，売上高の10-20％の支出額があると言われている（**図表序-1，序-2参照**）。もし，この間接材を，動かしがたい支出として放置せず，さまざまな施策を講じて適切に管理することができれば，大きな利益効果を得ることが可能である。

　たとえば，3,000億円の売上で，売上高営業利益率5％，営業利益150

《図表序-1》　グローバル業種別の間接材コスト

IBM 実績

業種 ＼ 間接材支出%	間接材支出の割合
エネルギー	22%
ヘルスケア	21%
公共	20%
日用品	19%
単純サービス	16%
IT	15%
金融	13%
複雑な製造	13%
工業全般	13%
ユーティリティ	12%
素材	10%
複雑なサービス	9%
単純な製造	8%
一般消費財	7%

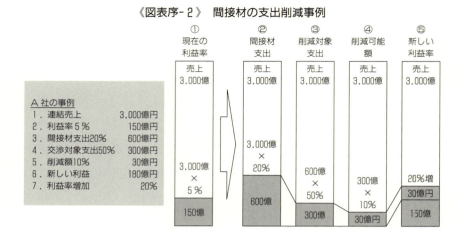

億円の企業がある(①)。売上高営業利益率5％は，上場企業の全業種平均の利益率が5％であると言われているので，その数字を採用した。通常，3,000億円の売上があると，売上の約20％，600億円程度（②）の支出，すなわち物品やサービスの購入を行っている。もし，そのプロセスやオペレーションが十分に管理されず，たとえば，現場の判断に任せきりになっているとしたら，それらの支出には大きな改善の余地があると考えられる。

　一般的に支出には2種類ある。交渉不可能なもの，もしくは，交渉余地が小さなものと，交渉可能なものである。別の言い方をすれば，調達のプロが関与しても効果を出せないものと，調達のプロが関与することで効果が出せるものである。

　前者は，交際費，弁護士費用，保険費用，特許費用など。そこに交渉余地がほとんどないものである。これらの支出に関しては，使用量そのものを削減する努力をする必要がある。ただし，最近，まだ交渉余地は小さいが，こうした支出の中でも交渉によっては削減が可能になってき

ているものもある。

一方，後者の交渉可能な支出，すなわち，削減対象の支出は，600億円の支出の内約半分の300億円程度ある（③）。これらの支出を，これから述べる改革を行うことによりうまく管理することができれば，平均約10％，30億円の削減が可能である（④）。これを最短1.5年で実現するとすれば，1.5年後に150億円の利益を180億円へと20％増加させた状態で会社が運営できるようになるわけだ（⑤）。

売上高営業利益率5％の会社で30億円の利益を上積みするためには，600億円の売上拡大が必要である。3,000億円の売上に対して600億円なので，20％の売上増が必要ということだ。しかし，間接材の最適化が実現すれば，この売上20％拡大と同等の効果を1.5年でもたらすことが可能になる。会社を成長させるには，当然，売上の拡大が必要だ。しかし，並行して，こうした会社の基礎体力を向上させる施策が実行できれば，会社はダイエットされ，さらに身軽で強い会社へと変貌することができる。

⑵　プロジェクト費用

前項の説明では，計算をわかりやすくするために，間接材調達改革プロジェクトそのものの費用は試算には含めなかったが，当然のことながら，プロジェクトを起こせば，人件費，IT費用，コンサルタントなどの外部サポートの費用が発生する。改革の対象とする範囲と，どこまで外部の力を借りるかにより，費用は大きく幅がある。数億円から数十億円にまで幅がある。費用については，別途「第10章　プロジェクト費用」の中で詳細化する。

2　コンプライアンスの確立と経営リスクへの対処

コスト面以外にも，社内で間接材を一括管理することは重要な意義が

ある。間接材は，社外，もしくは，社員への支出を伴う領域であり，コンプライアンス上，不正などの問題が起こるリスクが非常に高い分野でもある。空出張や架空取引，リベートの入手による着服などさまざまな事例が見られる。特に，サプライヤーや取引先を巻き込んだ不正は，社会的な影響力も大きく，会社にとって大きなリスクになっている。

こうした中で，特に海外拠点に関するリスクを危惧する経営者が多い。リスクに関する問合せでは，海外拠点に関する物が最も多く，「問題がありつつも，国内であればまだ目が届くが，海外に関しては全く対応できていない」という声をよく聞く。そもそも社内に間接材を管理する部門がなく，また，支出に対する可視性も低く，コンプライアンスの強化に関しても何からどう進めるのか悩んでいる経営者が少なくない。

こうした面からも，社内で一律に間接材を管理できるシステムを構築し，支出を可視化することは，リスク回避の一端を担い，会社の健全な経営の基礎作りを行ううえで大きな価値があると言えよう。

3　事業の成長を支える経営インフラの強化

利益率向上の大きな機会であると同時に，大きな負の遺産にもなりつつある間接業務。経費精算や調達業務をしない企業はない。しかし，事業の成長や複雑化によって，そうした業務のリソースやコストは大きな負担になっている。企業を支えるはずの業務が，むしろビジネスの悩みのタネになり，成長を阻む要因になってしまっている。

現在，多くの企業は，間接部門のオペレーションを各拠点で自由に定めている。業務システムは独自に採用され，業務プロセスは物流と商流が複雑に絡み合う。間接費用は，部門や拠点ごとにバラバラに管理され，全社的に管理されていることは非常にまれである。また，費用の可視化が不十分で，支出をマネージしたくても，できないケースが多い。事業の多軸化・多極化が進めば，業務プロセスがさらに複雑化し，間接部門

の負荷が高まるのは明らかだ。

　だからこそ，会社の重荷ともいえる間接業務を取り巻く現状を改善し，事業の成長を支える経営インフラとして，間接業務を一括管理しコントロールできる体制を強化かつ効率化することが重要だ。事業がN倍に拡大しても，業務がN倍に増加しないインフラが必要なのである。

4　間接材調達改革は一石三鳥

　以上，3つの理由を挙げたが，どの理由からプロジェクトを始めるかは，企業によりまちまちである。コスト削減を目的にする会社も，コンプライアンスを目的にする会社も，インフラの拡充や人材不足を目的にする会社もある。しかし，どの入り口から間接材調達改革に興味を持たれたとしても，作り上げるべきプロセス，最終的なゴール形態は1つ，「可視性のある効率的な標準プロセスを作り上げること」である。このプロセスが完成すれば，無駄はなくなり，コンプライアンスも容易に管理できるようになる。そして，そのプロセスを使ってソーシングを強化すれば，支出も削減，最適化することができる。

　支出の削減を目的に改善を行った場合，コンプライアンスや間接業務の改善も達成できる。逆に，コンプライアンスや間接業務の改善を目的に行っても，支出の削減が結果としてついてくる。一見コンプライアンスや業務改善にコストがかかったように見えても，結果的に全体の支出削減としてコスト分を取り戻すことができるわけだ。コンプライアンスや間接業務の改善を達成したうえに，さらにそのコストも回収でき，おつりがくる。一石二鳥，ならぬ，一石三鳥である。

　間接材調達改革を進めることにより，これだけのメリットがあるということがご理解いただけただろうか。

5　人手不足に対応した業務の外部化

　こうした改革を進めるには新たなリソースが必要であり，かつ，社内リソースの再配置を求められる。一方で，よく聞く「悩み」がある。昨今，労働人口の減少による採用難や働き方改革により，これ以上この領域に人材を投入できないという悩みだ。これまでは買い手市場で人材の採用にあまり苦労がなかった。しかし，近年，人材不足が深刻化し，どこの企業も計画どおりに人が採用できなくなっている。かつては，若手に経験を積ませる場として間接材業務を経験させたりしていたが，現在ではそうした余裕もない。一方，ユーザー部門は，各社員に間接材の検索や発注と言った本来業務以外の領域に時間を使わせることが大きな無駄だと気づき始めた。各部署の中に，そうしたことをさせられる若手社員も少なくなった。ユーザー部門からも改革を期待する声が上がり始めた。

　人手不足はこの先加速することはあれ，過去の状況に戻ることはないであろう。こうした背景から，リソースの補填策として間接材業務の外部化を積極的に検討する企業が増えてきた。もし間接材業務が，コア業務でないのであれば，内製化/外製化の比較も含めた検討を行うことをお勧めする。

2　間接材の定義

　一般的には，オフィスの什器や備品，出張経費，あるいはオフィスの清掃，警備といった直接材以外の調達品を指す。IT 機器やソフトウエア，ロジスティクス，採用，広告・マーケティングなども含む。業種に関係なく用いられるもので，企業においてノンコアとされる商材である。企業活動を維持していくうえで必要なすべての費用を対象とする。

序章　今，なぜ，間接材調達改革なのか？

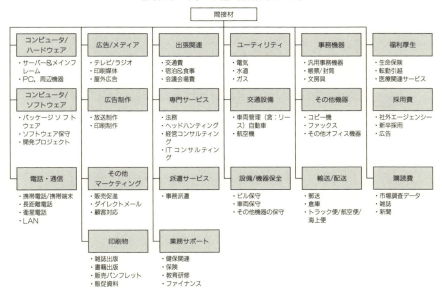

《図表序-3》　間接材品目の一覧

　しかし，実際の各社の運用を見ると，間接材の定義や，間接材調達部門で取り扱う物品とサービスの範囲に関する概念は，会社によってまちまちである。日本の多くの会社では，なにか確固たるルールや定義に基づいて，取扱い品目を規定しているところは少ない。むしろ，その品目を購入するに至った経緯やその背景から対象範囲が決まっていることが多いのが実情である。

　これまでコンプライアンス上の手続きや管理は当然として，その品目を大きなコスト・費用として捉えて積極的な原価の低減活動を行ってこなかった品目，少なくない支出額があり，適切に管理すればそれなりの効果を得ることができるにもかかわらず見過ごされて来た品目（領域）に取り組むのが間接材調達改革プロジェクトだ。

企業によって取組み前の状況は大きく違うため，企業ごとに対象となる品目は異なる。そこで弊社では，その会社の実状に合わせて，毎回わかりやすい定義を工夫している。

3 間接材調達改革の目指す真のゴールは

1 資金を管理，統制する仕組みの確立

間接材調達改革においては，コストを下げることだけが目的ではなく，社内にある資金を管理，統制する仕組みを作り上げ，会社の競争力向上に貢献することが真のゴールである。

すなわち，経営管理のインフラとして，間接材にかかる支出を管理する仕組みを確立する。これにより，支出に対する必要，不必要の線引きを明確にし，然るべきところに購買リソースを投入すれば，業績が落ち込んだときに支出のコントロールが可能になる。このシステムができると間接材のコストは利益捻出のバッファとなり得るのである。ビジネスには好不調の波はつきものだ。たとえば，今期の業績が厳しいというときに，調達部門からの提案で適切に支出をコントロールすることができ，タイムリーに支出のアクセル，ブレーキが踏めるとしたら，これは経営者にとって大きなメリットであり，非常に有用な経営ツールとなるわけだ。

このように，間接材領域には，大きな改革の機会がある。一方で，本来，ノンコアな領域であり，各社ともその仕組み，ノウハウ，人材が不足している。宝の山であることはある程度理解しつつも，実際にはどのように進めれば良いのかわからないのが実状だろう。

序章　今，なぜ，間接材調達改革なのか？　　11

《図表序-4》　最終ゴール：支出のコントロール

＜ゴールイメージ＞
さまざまなコスト低減要素とその対応策が経営者に提示され，経営者は経営環境に合わせ必要な施策を選択，実行していく。

間接費用の削減メニュー

経営者

「偉大な企業では売上高の伸び率より利益伸び率のほうが高い。利益率と経費を巧みに管理している。コストを見事に管理している。」（IBM CEO ルイス・ガースナー）

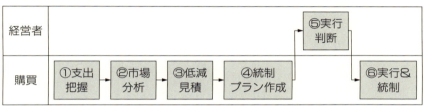

ゴールへ向けたステップ

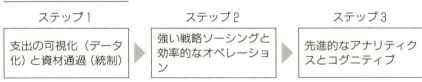

　第2章以降の実践編に入る前に，間接材改革を行うとどのようなことが可能になるか，いくつかわかりやすい例を挙げたい。

2　改革の事例(1)：出張旅費のコントロール

　まず，支出コントロールのわかりやすい例として，出張旅費の事例を説明しよう。
　航空券の券種設定は非常に複雑で，変更可能かどうか，キャンセル可能かどうか，予約から何日以内に発券しないといけないか，マイレージは何％付くか，アップグレードはできるかなど，さまざまな制約がある。また，そのルール，料金は航空会社によっても大きく異なる。こうした

条件をクリアし，よりリーズナブルなチケットに変更することができれば，支出を抑えられる可能性があるということだ。

しかし多くの場合は，購入すべきチケットの条件変更を行いたくても，社員のチケット購入ルートが管理できていなかったり，チケットに関する詳細のルールを誰も一元的に把握していなかったりして，適切かつ緊急に対処することは難しい。ビジネスクラスの利用を課長レベルから主任レベルまで拡充しようとしても，それをするのにいくら費用が上昇するのか，どうやってそれを統制するのか，そうしたことがタイムリーに把握・統制できていない。

こうした状況に対し，支出（この場合は出張費用）を可視化し，全社的に一括管理する適切な仕組みがあれば，調達部門は条件変更のシミュレーションがタイムリーに可能になる。

たとえば業績が振るわなくなったとき，航空券を多少利用に不便さがあったとしてもリーズナブルなチケットにするよう指定すれば，費用を緊急に削減することができる。逆に，業績が回復したら，これまで課長以上だったビジネスクラスの利用ルールを，主任以上に拡げるなどの措置をすることで，社員の満足を拡充することができる。

このように，経営者は具体的な数字を見ながら，速やかに施策を検討することができるようになり，結果的に支出のアクセル・ブレーキが踏めるというわけだ。

3　支出コントロールは社員満足度の管理

これは，経営者や部門責任者にとっては，非常に有難いしくみだと思う。経営状況にあわせて，社員の満足度を見ながら，間接費用の増減をコントロールできるようになるからだ。支出が可視化されていれば，購買部門はいくらでも支出の抑制プランは作れる。ただし，ある程度企業が成熟してくると，無条件に効果を享受できるような施策はなくなって

いくことも避けられない。すべての施策は，効果とそれを実現するための社員の不便，不満足とのトレードオフになってくるだろう。しかし，優秀な調達部門は，常に支出をモニタし，その削減機会とそれによって起こる社員の不満，その不満を最小化する実行策を検討し，経営者に改革プランを提案し得る。経営者は，そのプランを評価し，現在の環境ならばその必要性を社員に説明でき，社員の不便や不満足を抑えられると判断すれば，その施策を実行すれば良い。

4　改革の事例(2)：海外出張における社員の安全確保

　海外で仕事をする際には，地域によってさまざまな危険が伴う。有事に際して，自社の社員を守れるかどうかも大きな関心事だろう。

　ある会社では，社員が世界各地で宿泊するホテルについては，事前にネットワーク環境や安全管理など実に500項目に上るポイントを調達時にバイヤーが厳しくチェックしている。安全管理に関する項目でいえば，消防設備，ビデオ監視やオートロック，トラブル発生時のホテルとの連絡体制などである。会社は社員を有事から守るために，それらに合格したホテルにしか社員を宿泊させていない。また，移動にかかる飛行機についても，社員が出張申請どおりにチケットを買い，その航空機に乗っているかを社内システムで確認できるため，万一アクシデントがあったときでもすぐに何らかの対応が取れる体制を整えている。

　ほとんどの日本企業の場合，こうした「経費の見える化」や「その先の安全管理」が進んでいないのが現状だ。間接材の一元管理は，コスト削減に加え，社員を守るという意味合いもあることを改めて訴求したいと思う。

　以上の実例からわかるように，間接材支出を管理するシステムを構築

した後，さまざまなコスト低減策やリスク対応策が，経営者に提示されるようになる。それにより，経営者は経営環境に合わせ必要な施策を選択，実行することが可能になる。

このような優れた支出のコントロール機能を持つ仕組みをお客様に確立していただくのが，真のゴールである。この仕組みが確立できれば，コストの削減は結果として付いてくる。優れた企業は，売上高の伸び率より利益の伸び率のほうが高い。利益率と経費を巧みに管理しているのだ。一方，多くの企業では，景気悪化の際に，ブレーキを踏みたいのだが，支出が可視化されていないため適切な支出抑制プランが作成できない。そのため，無条件に５％削減とか，一律10％削減と言った緊急プロジェクトが気合で実行される。確かに，緊急時はそれでコストは下がるだろう。しかし，それは本当の要不要を適切に管理できているのではなく，短期ダイエット的なものだ。そのため，一時的には支出は抑制されるが，時間が経つと元に戻ってしまう。

以前，「うちは社長が変わる度にこれを繰り返している。もう疲れたよね」と言う方がいらした。こうした短期ダイエットでは，必要なものも，そうでないものを十分に判断できないままに，支出をカットしてしまう。結果的に，社員，会社は疲弊していく。長い目で見ればやはり，支出の内容に基づいた適切な支出カット，抑制策が重要なのだ。すぐリバウンドしてしまう短期ダイエットではなく，根拠のあるものに戦略的なアプローチをできるように，基礎体力を上げる。ますますグローバル化が進む中，社員の安全向上にも寄与する。

それこそが間接材調達改革プロジェクトなのだ。

第1章

最適化の進め方と
改革実行に伴う疑問

1 どこに，最適化余地があるのか
2 どのように，支出を削減していくのか
3 改革実行に伴う疑問への回答

本章では，まずは，1）なぜ，間接材の支出が下げられるのか，どこに支出を最適化できる余地があるのか，具体的な事例を交えてその根拠を説明する。次に，2）支出を削減するための手法，どのように支出を削減していくのかを説明する。最後に，3）実行上の課題やROIなど，プロジェクトの実行にあたり，よく質問される内容について解説する。

そして，次章以降では，そうしたことを実行するためにはどのような能力を身に付ける必要があるのか。その能力について，詳細に説明していく。

1 どこに，最適化余地があるのか

まずは，間接材調達における問題点を列挙してみよう。

間接材調達プロセスにおける4つの問題点
① 間接材を調達するプロがいない
② コスト，最適解を追求している人がいない
③ 個別に購入し，スケールメリットを追求していない
④ 支出が可視化されていない（ITインフラがない）

---

1 間接材を調達するプロがいない

多くの場合，間接材の調達業務は，総務や人事，または，各部門内の購入担当者が担い，各ユーザーから依頼された品目を購入している。コンプライアンスや効率化のために，購入を代行していることが多く，当然，一般的な購入交渉は行うが，それぞれの品目において，優れた商品知識や市場情報（マーケット・インテリジェンス）を持ち合わせているわけではない。

いくつか具体的な事例を挙げる。

●物品の購入：品目はオフィス家具。机やパーティション，ロッカーなど

A社には全国に10の事業所がある。それぞれの事業所が個別に購入を行っていた。B事業所には，たまたまオフィス家具に精通している担当者がいて，非常に安い値段で事業所の家具を調達していた。しかし，事業所ごとに購入担当部門が，調達，総務，営業事務部門とバラバラで，そのインテリジェンスが共有されず，他の事業所は通常の価格でしか購入できていなかった。当然，他事業所の担当者も，それなりに交渉は行っており，交渉した本人はそれなりの価格で購入できたと考えている。しかし，実際の購入価格をすべて横に並べてみると，拠点ごとにかなりギャップがあることがわかる。

●サービスの購入：品目は，清掃や警備

これらの品目は，あまり注視されていないが，比較的支出額が大きく，改善効果も大きい。こうした品目は仕様書の記述が非常に重要である。仕様書の記述を改善し，達成内容や作業内容を細かく定義していけば，そこに大きな改善余地が生まれる。しかし，多くの場合，こうした仕様書が書ける人がいない。週に3回掃除をすると言った荒い記述であったり，業者側が提供してきた仕様書をそのままコピーしたり，仕様書そのものがなかったりと，適切な管理状態にないことが多い。特に，小さい事業所であればあるほど，こうした傾向は強くなる。

以上の事例を見てもわかるとおり，直接材ほどではないが，間接材においても，コスト削減の観点から，商品知識やマーケット・インテリジェンスが重要であるにもかかわらず，そうした知識を持つ人材が業務を担当しているわけではない現状がある。そこで，この分野の知識を持つ人

材の育成，ならびに情報の共有を効率的に行う仕組みの構築がこの問題を解決するカギとなる。

2　コスト，最適解を追求している人がいない

もう1つの重要な問題として，本当に間接材を安く，正確には，最適に買おうと意図している人がいない，という問題である。これは調達担当者に与えられている責任と権限や評価の問題である。

多くの企業の場合，総務部門や人事部門の調達担当者，もしくは，事業部門の中の調達代行の担当者が物品やサービスを購入している。どの担当者も，一生懸命購入先と交渉して少しでも安くする努力はしているだろう。しかし，一般的には，どの部門もコンプライアンス上の事務処理，および，効率化のための代理購入が第一ミッションで，原価低減の強いミッションは負っていない。指示されたものを，指示された条件の範囲内で最適に買っているだけで，全社最適の視点で他のサプライヤーを提案するとか，標準化の視点から別の商品を提案するといったことはおそらくほとんど行われていない。

前述のオフィス家具の事例でいえば，他事業所の情報を仕入れ，より安い，新しい業者を使う調整をしているか。また，全く同じ家具ではないが，B事業所と同じ仕様にすれば安く買えるとするなら，そうした提案をユーザー部門に行っているか。さらに他の事業所が安く買えるようにするために，事業所の垣根を越えて，連携や標準化を行っているか。全社的にコストの最適化を目指すためには，こうしたことが重要である。

こうした最適化を進めるためには，現状の調達機能をただのコンプライアンス対応，効率化対応の調達代行機能から，全社最適を目指す購買機能へと進化させて行く必要がある。さらに，そのために，ユーザー部門と調達担当部門の責任や位置づけも変更していく必要がある。

3　スケールメリットを追求していない

　多くの場合，事業所ごと，部門ごとに個別に購入しているが，間接材購入においてはスケールメリットが非常に重要だ。やや乱暴な言い方だが，間接材は，製造業の直接材のように，すり合わせをしながら特別なものを購入するのではなく，汎用的なものを購入する。したがって，購入ボリュームが非常に重要な交渉要素になる。当然，商品知識や交渉能力も必要ではあるが，あるレベルの企業で，かつ，一般的な交渉能力が確立されている場合，最後はこのボリュームが非常に重要になってくる。このスケールメリットによる交渉は，企業に許された最大の強み，交渉材料であるといえる。しかし，残念ながら多くの企業では，部門ごと，拠点ごとにバラバラに調達を実行しており，この最大の強みを発揮できていないのが現状である。

4　支出が可視化されていない（IT インフラがない）

　上記の機能が確立されていたとしても，すべての手続きが手作業でシステムを介さずに行われ，支出が充分に分析できていないならば，そのメリットを迅速に受け取ることはできない。これまで，間接材の領域は，どこの企業でも優先順位が低く，システム化の投資が回ってこなかった。この領域できちんと可視化が確立できている企業をまだ日本では見たことがない。

　更に言えば，調達過程がシステム化されているのみならず，支出データに適切な分類コードが付与されていることが必要である。重要なのは“バイヤーが分析できるレベル（粒度）での可視化”である。現状でもほとんどの会社には，経理システム上に支払データはある。そういった点では可視化はされているのだが，バイヤーが必要な粒度での分類ができないために，データが全く役に立っていない。残念ながら，これでは意

味がない。

経理データ：経理視点での分類コードの付与，費用科目
調達データ：バイヤーが分析に必要なコードの付与，間接材コード

　たとえば，物流費が200億円あるとするなら，5％カットできれば10億円の削減となり，大きく下げられる可能性がある。しかし，支出の明細がわからないと何の施策も講じられない。輸送費が高いのか，倉庫が高いのか，荷役か，梱包か。梱包だったら，完成した箱を買っているのか，材料を支給し組み立てさせているのか，それらが混在しているのか，そういったことがわからないとコストが下げられない。こうしたことを分析・検討するために，調達データが必要となるのである。

2　どのように，支出を削減していくのか

　コストを下げるにはいくつか方法がある。その手法を，事例を交えて紹介する。

　コストを下げる方法は，次の2つに大別される。①あまり制約がなく，短期間で実現できるもの，②標準化が必要で，さまざまな調整に時間がかかるものである。①は支出全体の10-20％を占める。短期に実現できることから，プロジェクトではクイックウインと呼ばれる。②は支出全体の80-90％を占める。これにどう取り組むかが，改革の成否を分けることになる。

1　比較的簡単に短期で実現できるもの
　(1)　先端単価への置き換え

(2)　支出抑制（買わせない）

　(3)　新モデルの運用：複写機や車両リースなど

　2　標準化が必要で，さまざまな調整に時間がかかるもの

　(1)　集約によるスケール拡大

　(2)　仕様変更による低価格品への置き換え

　(3)　仕様書の作成による再交渉

　(4)　購入ルート，サプライヤーの変更

　(5)　社内統制による購入ボリュームの保証（コミットメント）

1　比較的簡単に短期で実現できるもの

(1)　より適切な最先端の単価に置き換える

　これは，商品や市場の知識があれば可能である。先ほどの家具の事例に基づけば，社内にそうしたことをできるプロがいれば，その知識を全社的に活用すれば良い。また，社内に人材がいなければ，知識を持った人を新たに採用する。短期間に実現したければ，そうしたサポートをしてくれる会社を使う，などの選択肢がある。成功報酬で限られた品目のみをサポートしてくれる会社から，前述のゴールへ向けた仕組み作りすべてを対応してくれる会社まで，さまざまな種類の会社があり，ニーズに合せた対応をしてくれる。

(2)　不必要なものは買わせない

　これについては2つのケースが考えられる。①コスト意識がないため，手間を惜しんですぐに必要のないものまでまとめて大量に購入するケース。②個人的な趣味や嗜好で，マニアックなものまで会社の費用で買うケース。これらの是正は比較的短時間でできるものだが，②については，現状このような購入を許されているユーザーに対して適切なアプローチ

をする必要があり，そうした点では時間がかかる部分もある。

●大量買いのケース

　この事例は，文具や工場の備品などに見られる。必要ではあるのは確かだが，適切な量管理ができていない，不必要にまとめ買いをしている。欠品するとユーザーにしかられるからと在庫を多めに確保する，などの状況が考えられる。

●マニアック買いのケース

　この事例は，文具，書籍，航空券などに見られる。ある会社で調査したケースでは，ペンだけで100種類以上が購入されていた。4色ボールペンに，10色ボールペン，0.5mm のサインペンに，0.2mm のサインペン。ヒアリング調査を進めていくと，「○○○社製の△△△サインペンで無いとうまく書けない。これでないとダメだ」というユーザーのニーズに応えた結果，このような事象が起きていた。

　確かに業務上，ボールペンやサインペンは必要だろう。しかし，ここまでくると，個人的な嗜好でほしいものを，会社の経費で購入し，楽しんでいるようにも思える。10色ボールペンを使うことは自由だが，それは個人費用で買うべきで，会社の費用で購入するほど必要な物品とは思えない。福利厚生策として，その程度は自由に買っても良いと意図して放置しているなら別だが，多くの場合，そうではないだろう。ボールペン，サインペンともに，赤，黒，青3種類の標準品のみを提供することに変更した。それ以外に必要なものは，個人の費用で買うようにした。書籍も同じである。調べてみると不必要なものがいろいろと出てくる。航空券やホテル，レンタカーも同様である。そもそも，明確な規定がない。あるいは規定があっても社員はそれを遵守しておらず，会社も取締りをしていない。こっそりビジネスクラスの飛行機に乗ったり，贅沢な

ホテルに泊まったりしている。そうした無駄な消費を排除するという決意が必要である。

こうした変更はコスト的にはあまり大きくはない。しかし，改革の象徴として非常に重要である。これまでと違い，個人が自由に購入できたものを，会社が集約管理していくことを認識させ，間接材の購入は会社の重要な資金を使う活動であり，いろいろな制約が発生するということを社員全員に理解させる。そのための，カルチャー変革の第一歩となるからだ。

⑶　新サービスモデルの適応

時代の変化に合わせて，新たなサービス形態が開発されている品目がある。たとえば，複合機や社有車の車両リースなどである。

①　複合機

かつては，複合機本体をリースし，それに対して保守サービスの契約を結び，本体の資産管理や複合機への紙の補充は総務が行っていた。本体，保守，資産と紙の管理がそれぞれ別々に行われていた。そして，すべての複合機がスタンドアローンで設置されていた。当時は，大型複合機から部門ごとに管理されている卓上型小型プリンターまで多くの機械がオフィスにあり，その管理に手間がかかっていた。そうした機器がネットワークで結合されるようになり，印刷装置間の負荷が平準化されるようになり，総台数を減らすことが可能になった。同時に，部門毎に保有されていた卓上プリンターが廃止されるようになった。保守サービスが進化し，保守代金が定額ではなく，印刷枚数に合わせて支払うクリック型チャージへと進化した。さらに，本体が買取りやリースからレンタル形式に進化し，印刷枚数に合わせて支払う費用に機器代も含まれるようになった。これにより，ユーザーは資産管理や機器の台帳管理から開放

された。さらに，機器提供側が，紙の手配や機器周りの清掃や見回りを代行するようになった。こうした事により，総務部門で発生していた管理業務も廃止できるようになった。

② 車両リース

車両リースには，2つのシステムがある。ファイナンスリースとメンテナンスリースである。昔は，ファイナンスリースのみサービスとして提供されていた。ファイナンスリースは，車両購入，登録・納税，保険に係わる業務をアウトソーシングする，金融的性格の強いリースで，車両の維持管理は，別途，総務部門が管理・手配する必要があった。

それに対して，メンテナンスリースと呼ばれるサービスが提供され始めた。メンテナンスリースは，車両管理上，負担が大きい整備・維持等の期中管理の業務をアウトソーシングしてくれるサービスで，これにより総務部門の業務を大幅に削減することができる。

このように，品目によっては，合理化やコスト削減につながる新しいサービス形態が次々と開発されているものがある。自由化が進むユーティリティーのサービスも同様である。こうしたサービス形態の変化を敏感に察知し，より新しい競争力のあるものにタイムリーに切り替えていくのである。しかし，これらの領域に専門家がおらず，こうした最新のサービスを知らないまま，割高な旧サービスを利用し続けている会社も多い。

2 標準化が必要で，さまざまな調整に時間がかかるもの

真の改革の骨格つくりはここにあり，多くの効果はここから生まれる。

(1) 集約（標準化）によるスケール拡大

　スケールメリットを拡大する1つの方法は集約。すなわち全社物量の集約にある。

　たとえば，物品購入に関して言えば，今まで部門や拠点ごとにバラバラに購入していたものを，まとめて購入するとしよう。100個ずつ購入していたものを，1,000個まとめて買う。1,000個ずつ購入していたもの10,000個で購入する。このように購入量を増やすことで，価格交渉力が向上する。さらに，その上に，複数年契約，長期契約を行うことで，スケールメリットを拡大することも可能になる。

　しかし，こうした簡単な事例は少なく，多くの場合は徹底した標準化が必要になる。通常，間接材は標準品の購入が多く，似たようなものをそれぞれ個別に購入していることが多い。そうした少しずつ異なるものを統合していく作業も必要となる。

(2) 仕様変更による低価格品への置き換え

　集約・標準化の過程で，可能な限り仕様を削ぎ落とし，低価格品へと置き換えることでコスト削減を実現する。これが「購入品の標準化」である。

(3) 仕様書の作成による再交渉

　これは主に，清掃や警備，食堂などと言ったサービスの購入で使われる方法である。これらの品目は，事業所の利益状況，過去の経緯，購入担当者の能力により本当に仕様がまちまちである。こうしたサービスの購入については，全社で仕様を標準化し，取引先を1-2社に集約していく。同時に，仕様を細分化し，サービス内容を再定義することでコストを削減することが可能となる。仕様を的確に記述できていない会社が実に多い。この部分を強化することで，サービスの購入に大きな改善効果

を生むことができる。

⑷　購入ルート，サプライヤーの変更

　同じ商品・サービスでも，各拠点がそれぞれの利便性を追求し，それぞれの地元の業者から個別に購入していることも多い。これを整理して集約するのが，「仕入先の標準化」である。通常，間接材の購入費用には5-15%のサプライヤーの管理費用が含まれる。2社の仕入先を1社にすることで，サプライヤーの管理費用など隠れたコストを削減できる。「仕入先の標準化」もまた大きなコスト削減効果を期待することができる。

⑸　社内統制による購入ボリュームの保証（コミットメント）

　スケールメリットを拡大するもう1つの方法は，購入量の保証（コミットメント）である。必ずしも，交渉時に購入量を明確に約束する必要はないが，ここで重要なのは，サプライヤーにとって購入量がある程度の範囲内で確実に見えている，予想できるということだ。

　たとえば，10カ所の事業所で1万個ずつ発注しているものを，標準化し，全社で10万個を発注し，1万個の購入を10万個にするから安くしてほしいと交渉をしたとする。ここで重要なのは，本当にそのとおり各拠点から発注が行われるかどうかだ。間接材に対する意識改革がなされ，社内が統制できていれば，ほぼ10万個購入されることが推測できる。しかし，社内が統制できていないと，現場は調達部門が推奨する標準品に納得せず，これまでに購入していたものを，隠れて購入し続けるかもしれない。10万個発注すると宣言しておいて，その半分しか発注されないなどということは，実際の取引では多々発生する。しかし，こうした交渉を繰り返していては，サプライヤーに信用されず，最先端の価格を享受することもできない。

　こうした抜け駆け発注を，我々は『バイパス』と呼ぶ。社内統制が効

き，バイパスがなければ，実質，調達部門が提示する予想購入量とほぼ同等の発注が行われる。これが重要なのである。間接材の世界で，購入量について，企業のボリューム規模で購入量を実質コミットできる会社をほとんど見たことがない。多くの場合，サプライヤーは当たらない予測をせざるを得ず，苦労している。やや乱暴な言い方だが，的確に購入量が予測（保証）できる仕組みが実現できれば，誰が，どんな交渉をしようと，間接材のコストは絶対に下がる。だから，こうした統制をかけられる仕組みが非常に重要なのである。

3 ユーザー・マネジメント

　ここまで，間接材の効果の多くは，集約・標準化の推進によって実現されることを述べてきた。これまで，好きに購入していたものを，全社最適の視点から別の商品・サービスに置き換える過程を通ることになる。繰り返しになるが，こうした改革を進めるには，何よりも社内の統制（コントロール）が必要となる。

　コスト削減は，いわば社内統制に従うユーザーの不満とのトレードオフだ。絞ればコストはいくらでも下がるが，その分社員の不満も増加する。コスト削減はその不満足・我慢の結果，代償として発生するものである。したがって，簡単にコストが下がることはない。どこまで不満を許容し，コストを削減するかは経営者の意思にかかっている。社員に集約することの必要性をしっかりと伝え，従わせる仕組みがあって始めて，その目的は達成できると言える。

　こうした社内統制が間接材プロジェクトでは非常に重要である。我々はこれを『ユーザー・マネジメント』と呼ぶ。サプライヤーと最適に交渉するために，社内をどのようにマネジメントし，コントロールするか，それがユーザー・マネジメントだ。優れたユーザー・マネジメントなしには，大きな効果は望めないのである。従来のやり方によるコスト削減

では，全体の10-20％しか達成できない。経営者がこのユーザー・マネジメントにどこまでコミットメントできるかが，間接材プロジェクトの命運を決めると言っても過言ではない。ユーザー・マネジメントの詳細については，第6章の「ユーザー・マネジメント」の中で詳細に説明する。そちらを参考にしていただきたい。

3 改革実行に伴う疑問への回答

1 本当に，改革を実現できるのか？

こうした改革の話をすると，「魅力的な話であるが，そんな大きな改革はできない」，「日本企業では無理だ。うちはユーザーが強すぎて，そこまではできない」，「そこまで厳しくしなくても，もっと簡単に実現できる方法はないか」と言われることがあるが，これらのコメントについて意見を述べたい。

(1) ルール違反の取締り

「そこまで厳しくしなくても，もっと簡単に実現できる方法はないか」という声に対して，結論から先に言うと，そんな魔法のような方法は無い。前述のように，間接材の効果の多くは標準化の推進から生まれる。確かに，規定違反の取締りをしなくても70-80％の社員は標準化に協力するだろう。一方，どんなに全社的なメリットを説明しても，任意であれば従わない社員が20-30％はいる。ここで問題なのは80％の社員が協力しても，80％の効果は得られないということだ。実際には半分の効果も達成できないと考えてよい。前述したが，社内全体が統制できて，サプライヤーに約束ができて，はじめて大きな成果が得られるのである。

全社員にルールに従ってもらうには，何らかの強制力が必要であり，

そのための賞罰が必要である。この苦労を避けては通れない。ユーザーのボランティア精神だけでは，間接材の改革は進まないのである。だから，取締りの拠点としてオペレーションセンターの検討が重要になるわけだが，これに関しては第2章の「組織変革」で詳しく説明する。

会社資金の有効活用のための標準化に同意しないことは，会社財産の毀損に当たる。大切な資産を無駄に使わないために，社員が制約を受け，全社最適へ向けて協力するのは当然の行為であろう。しかし，これまであまりに自由に購入を進めて来たため，なかなかそうした意識を持つことが難しい。全社をあげてのカルチャー変革が必要である。

⑵　PC（パソコン）集約の事例

実を言えば，どこの企業でもすでに，こうした改革を実現した経験があるはずである。たとえば，PCの調達がそれにあたる。かつて，ほとんどの会社で，PCは部門ごと，個人ごとに自由に購入されていた。しかし，現在では，PCの購入はすべてシステム部門により厳格に管理され，仕様もユーザーが勝手に選べない状況にある。PCがネットワーク化され，情報漏えいやウイルス被害のリスクが非常に大きくなったからである。会社に損害を与えないために，PCについては全社をあげて厳格な管理を実行した。実現できた。それならば，間接材についても同じ考えが適応できるはずである。重要なのは，どのような困難があろうとも，どれだけ改革に対して強い意志を持つかということだ。

2　間接材部門の確立はコストがかかる？

新しい調達組織を作ると言うと，「間接材購入コストが削減できても，組織運営にそれ以上のコストが掛かるのではないか」と言われることがある。それは間違いである。こうした改革を進めることにより，今まで以上に効率的な運営が図られるようになり，運営コストは増加していな

い。それをオペレーションとソーシング，双方の領域で検証してみたい。

(1) 発注コスト，発注オペレーションの手間について

新たに組織が作られ，そこにオペレーションが集約され，わかりやすい形で作業が可視化されるので，工数が増加したように見える。しかし，元々は社内のどこかで，誰かが行っていた処理が1カ所に集約化されただけなのである。実際には，各部門の調達担当者に分散されていた業務が，見える形で集約される分，プロセスが可視化され効率も向上する。

これまでは，必ずしも調達のプロではないメンバーが業務を遂行していたが，そうした業務が集約され，それを専門とする人材により，効率的に処理されるようになる。また，かつて拠点ごとに個別で運用されていたため，特定の時期に負荷が集中し，作業が遅れることもあったものが，集約化されることにより，拠点間の負荷が平準化され，作業の遅延が解消される。センター運用が安定したら，オペレーションを国内のローコスト地域や海外のセンターへと移管し，さらに運営コスト削減することも可能である。海外の低賃金国への業務移管は，さらに大きなコスト効果を生む。

このように，実際は効率が向上し，コストが削減されているのであり，新しい組織ができることによるコスト増は発生しない。むしろ，大きなコスト削減が期待できる。また，仮に，一歩譲ってオペレーションのコストの削減効果があまり大きくなく，ほぼイーブンだったとしよう。それでも，この改革は遂行する価値がある。そもそも，コンプライアンスとして不十分な状態であったならば，これらの改革コストはコンプライアンス対応の必要経費との考え方もできるからだ。改革の副産物として，余分なコストをかけずにコンプライアンスも強化できる。

しかし，以下の2つのケースにおいては，そうではない，もしくは，そうは見えない可能性もある。

1つは，従来のコンプライアンス対応がかなり不十分であり，コンプライアンス対応のための工数が大きく増えた場合である。従来から，コンプライアンス対応のチェックは実施していたがチェックが甘く，また必要な工数も十分に割いていなかった。その結果，あるべき姿を実現したら，コンプライアンス対応の負荷増が，効率化効果を上回ってしまった場合である。これは，そもそも必要な工数を確保していなかった問題が是正されたのであって，単純な工数増とは異なる。

　もう1つは，総人数増加の問題である。たとえば，1,000人の組織に対して，8人の間接材組織を作る場合の話である。これまでは1,000人の社員が，みな少しずつ間接材にかかわる作業をさせられていて，それをセンター化したとする。1,000人の仕事が0.01ずつ減り，10人分の仕事がセンターに移管される。センターは効率的な運用を行い，10人分の業務を2割削減して，8人で運営するというものである。この場合，必ず問題になるのは，業務が楽になった1,000人の扱いである。業務が減ったことに合わせ，1,000人の部門から10人を減らす。もしくは，忙しく人が足りない部門であったならば，10人分の余剰人員が増えたとして現状を維持するということになる。しかし，そうしたことを検討しないと，現業部門の1,000人はただ業務が楽になっただけで，会社としては総人員数が8人増加しただけで終わってしまう。したがって，通常は間接材組織の立上げに合わせて，既存組織のリフォーム計画が必要である。しかし，こうした既存組織のリフォームを検討せずに，間接材機能の効率化だけを検討して，組織を立上げてしまうと，こうした総人員増の問題が発生してしまう。

　この既存組織のリフォームの計画が意外に難しい。1,000人の組織において，誰がどのような業務を行っていたかで，その難しさが異なってくる。すでにその組織内で間接材担当部門のようなものがあり，その業務がそのまま移管されるならばわかりやすい。しかし，前述の事例のよう

に，1,000人が0.01ずつ空き時間が増える場合は難しい。全員が楽になることで良いのか，それとも，人を減らすのか，新たな業務を追加するのか，既存組織で変革を検討する必要がある。

(2) ソーシングコスト，バイヤーの手間

「これまで，ユーザーが選んでいたものをバイヤーが再度評価しなおす。だから，社内で二重の工数が発生し，負担が増加する」という意見がある。これも実際には正しくない。これまでのユーザーの業務は調達部門に移管されるので，工数増は発生せず，効率的な運用になり，質と工数は向上する。発言者の誤解である。

もともとユーザーはほしいものを探すのに多くの時間を使っている。サプライヤーを探し，カタログを取り寄せ，スペックを確認し，取引条件を交渉する。必要に応じてはアフターフォローも手配する。こうした作業が，同じ商品やサプライヤーに対して，複数拠点で，繰り返し行われているのが実情だ。そして，その貴重なノウハウも限られた範囲内でしか共有されていない。

そうした作業が，すべて集約され，その領域専門のバイヤーによって行われるようになるとしたらどうだろう。バイヤーは市場，サプライヤーを熟知し，最新カタログを常備している。かつてユーザーが行っていた探索行為を各所で重複して行う無駄はなくなり，購入にいたる時間が短縮される。また，ユーザーは購入したい品についてバイヤーに聞けば，スペックや取引条件も熟知しているので，そうしたことを都度サプライヤーに確認する時間も省ける。あまりフォーカスされていないが，ユーザー部門がこうした活動をしている時間を細かく積み上げていくと，思いがけない大きなレベルの時間になる。

特に，注目すべきなのはアフターフォローの対応時間である。購入した製品がすべて良品であれば問題はないが，万が一不良品があった場合，

ユーザー，もしくは，その製品を発注した担当者はその対応に多くの時間を使うことになる。一方，調達部門が推奨する購入品・サービスであれば，品質も事前に見極められており，こうした問題の発生確率は非常に少なくなり，万が一問題が発生した場合の対応ルートも整備されている。個々の社員の無駄な時間を使うことを極力避けることができるという点でもメリットは大きい。

　ユーザーには本来自分が実行すべき業務がある。その業務の遂行のために間接材が必要となるのだ。個人的な趣味や嗜好で間接材を選んでいた社員は別として，多くのユーザーは，こうしたことを効率的に代行してくれる部門がなかったために，やむを得ず，自分達で商品やサービスの探索・発注をせざるを得なかった。そして，その過程で，前述のように多くの無駄な時間を費やしていたのだ。

　しかし，新設の間接材調達部門が社内アウトソーサーとして，ユーザーに負担になっていた業務を代行していき，ユーザーにユーザー本来の業務に従事する時間を拡大させることができる。購入価格の低減の方が効果が大きいので，合理化の効果はフォーカスされにくいが，実際はこのようにオペレーションやソーシングの効率化より，全社的にはかなり大きな合理化効果が生まれるのである。また，このことは前述の人手不足への対応としても大きな価値がある。

3　日本企業は遅れている？

　この分野において，日本企業は15年遅れていると言えよう。欧米系の優良企業と言われる会社では，すでに2000年代前半に全社的な間接材の集約を進めており，そのグローバル展開も実現している。一方日本では，こうした管理をきちんと実現できている会社をまだ見たことがない。国際競争力で明らかに劣っており，日本企業はまだまだ改善余地がある。

　ちなみに，欧米企業においては性悪説でプロセスを作ってきたという

背景がある。人は間違いを起こす可能性があると考えている。だからそれを管理するプロセスを導入し，ルールを守った者を会社は保護し，そのルールに従わなかったものにペナルティを与えるという理屈である。一方，日本企業は，歴史的に性善説を取る企業文化があった。社員が悪いことをする訳はないと考え。社員はボランティア精神で会社の方針に協力するはずだと，期待し信じている。だから，前述のような統制プロセスを必要としてこなかった。さらに，日本企業ではこうした支出を交際費のように社員の権利，楽しみの１つと考えている風潮もある。そのようなことが重なり，その差が，現在，競争力の違いになって現れているのである。

4　プロジェクトの ROI はどうする？

ROI：Return On Investment（投資対効果）

　間接材のプロジェクトを始める際に，多くのケースでつまずくハードルがある。効果証明が難しいという点である。間接材領域は，これまでこうした改革が行われてこMonOおらず，IT 投資も限られたレベルでしか行われてこなかった。だからこそ，やれば大きな効果があると自信を持って言えるのだが，効果を証明するのは非常に難しい。効率化によるプロセスコストの削減は定義できるが，支出削減の効果試算が難しいのである。

　経理データで購入金額はわかる。インタビューや社内調査で適切な管理をしていないこともわかる。事業部個別に購入をしており，無駄のあることもわかる。しかし，「一体いくら下がるのか」と言われても，明確な数字が答えられない。管理レベルや支出のベンチマークから，それなりの金額が削減できることは確信できるのだが，それをきれいに証明しろと言われると非常に難しい。

　なぜなら，支出が可視化できていないので，細かなデータ分析が行え

ないからである。明らかに高値買いしているサンプルデータは指摘できるのだが，全体としてどこまで効果があるかの数字は，経理データ数十万件を，すべて手で見て，分類していかないとわからない。さらに，多くの場合，経理データの分類やコメント記述が不十分で，何を買っているのか特定できない支出がかなりの規模で発生している。そのため，明確な効果証明ができないのである。良くあるニワトリと卵の話である。可視化が先か，可視化投資のための効果証明が先か。いつまでたっても，プロジェクトが始まらない永遠のループに入り込む。

これが，これまで間接材領域にシステム投資が行われてこなかった理由でもある。可視化ができていないから，効果も証明できない。だから，コスト削減のための攻めの投資は実行しにくく，コンプライアンスや効率化と言ったわかりやすい守りの投資ばかりが優先されてきた。それが日本企業が周回遅れである理由にもつながる。

では，どうしたら間接材のプロジェクトを起動できるかというと，結局は，こうしたプロジェクトを進めたいと思う実行責任者が，効果をコミットし，実現する強い意思を示すか，もしくは，改革の必要性についてプロジェクトメンバー全員が理解し，プロジェクトに参加するメンバー全員の総意として実行を判断するかしかない。

こうした状況の中でも，お金をかけてでも効果を試算したいというお客様がいらっしゃる。その場合，弊社から提案するやり方として，2つのアプローチがある。1つは，AIの活用による経理データからの支出分析，もう1つは簡易なオペレーションセンターを設立し，一定期間支出を補足する方法である。

●AIの活用による経理データからの支出分析
これまでは，何十万件もある経理データの分析に時間とコストがかか

り，非常に苦労していた。経理データの発注先や備考欄を人手で読み，それに調達用の支出分析コードを付与し，支出を分析する方法だ。我々はこれを『データ・クレンジング』と読んでいる。これを行うには，それなりの経験値を持つバイヤーをアサインする必要があり，費用・期間もそれなりにかかる。しかし，最近では，こうした作業をAIがかなりサポートしてくれるようになってきており，それにより分析作業が進めやすくなってきた。しかし，この分析は経理データの備考欄の記述精度に大きく影響を受けるため，完璧な分析は難しく，あるレベルでの精度でしか分析ができない。支出分析については第9章の「プロジェクト管理」の中でさらに詳細化している。そちらも参照していただきたい。

●事務センターによる支出の補足

　一定期間，ユーザー部門が発注をした注文書のコピーをセンターに送付して貰い，そこで発注内容を補足，集計するという方法である。こちらは，やり方によっては100％近くの支出が捕捉できる。現状のユーザー部門の権限や運用を変更する必要もない。発注した注文のコピーをタイムリーにセンターにコピーで回しさえすれば，センターでその注文を確認し，必要な分類を行う。注文書から詳細がわからなければ，捕捉できる内にユーザー部門に確認の質問を行い，支出を正確に分類する。特定の場所に派遣社員を集め，自社で行うことも可能であるし，件数が多ければ，外部委託し，レバー・コストが安い，中国やインドで行うことも可能だ。

第2章

組織変革

1. 間接材調達部門の確立
2. オペレーションセンターの設立
3. ユーザー主管部門の確立
4. トップマネジメントのリーダーシップ
5. オペレーションセンター外部化の検討

間接材の改革を進めるためには，どのようなプロセスを踏んだら良いのか。

単純に言えば，集約を行い，調達力を強化するわけだが，そのために，支出の可視化を行い，間接材のプロを育成し，最適解を追及する。同時に，ユーザー・マネジメント，社内統制の機能を確立し，遂行する。これらを同時に行っていくことになる。

通常，そうした活動を以下の5つの要素に分け，検討を進める。間接材改革を成功させるためには，この5つの要素すべてが必要である。この中のどれか1つか欠けても改革は成功しない。

《図表2-1》　間接材調達改革の成功要素

	組織変革	ソーシング	システム	オペレーション	アナリティクス
内容	集中調達方針・ルール策定 間接材調達部立上げ	戦略ソーシングの実施（競争環境構築，サプライヤ集約）	ソーシング・オペレーションのシステム購入	発注から支払業務の標準プロセス設計	支出分析 KPI分析
狙い	全社ボリュームの集約 全社観点でのコスト最適化	取引先・購入価格の最適化	支出可視化 業務効率化・自動化	ガバナンス強化 プロセスコスト低減	新たな洞察の提供
成功要因	トップマネジメントの支援（全社方針の発信，調達リソースの確保） 調達権限の分離	品目専門家の知見 ユーザーマネジメント	100%調達最適・注文書化 EDI化・カタログ化	社内統制の実行（バイパス調達チェック，コアサプライヤ集約） グローバルでのリソース最適化	必要な情報の定義 知見の蓄積プロセスの組み込み

以降，実践編として，それぞれの要素について重要なポイントを解説する。

本章では，プロジェクトの前提条件ともなりうる組織に関わる改革から解説する。組織に関わる重要なポイントは5つある。

組織変革の検討における5つのポイント
1　間接材調達部門の確立

2　オペレーションセンターの設立
3　ユーザー主管部門の確立
4　トップマネジメントのリーダーシップ
5　オペレーションセンター外部化の検討

1 間接材調達部門の確立

　改革前の状態では，ユーザーがほしいと依頼するものを要請に基づき購入していた。当然，コンプライアンスのチェック，必要性の確認，価格の交渉や代替品の提案といった行為は行われていたはずだが，あくまでもユーザーが優位の状況下において，できる範囲内でそれが行われていたに過ぎない。多くの場合，商品の選定，サプライヤーの選定，価格の承認までを実質的にユーザー側で行い，最後の発注処理のみを調達担当部門に依頼していたと考えられる。

　本改革においては，それを大きく変える。ユーザーは必要な仕様を調達部門に提示し，商品の選定，サプライヤーの選定，価格の交渉は調達部門が行う。ユーザーはその提案を評価・選択・承認する。調達部門にこれらの権限を持たせることで，標準化を推進し，かつ無駄な支出を排除し，会社にとって最適な結果をもたらす調達を実現する。いわば，ユーザーと購入部門の力関係を変化させるのである。

　ここで重要なのは，全社最適の視点を持った調達機能（間接材調達部）を確立し，そこにユーザー部門と戦える（対等に交渉できる）権限を持たせることだ。そのためには，各部門の新たな Role & Responsibility の定義から始まり，新組織立上げ，社内カルチャー変革のための詳細施策の検討まで，多くのアクションが必要である。

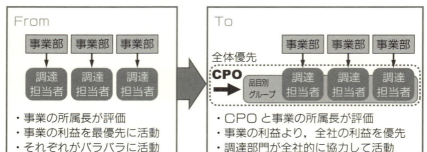

《図表2-2》 調達部門の事業からの独立

2 オペレーションセンターの設立

　間接材調達部門の確立と同時に，間接材オペレーションセンターを立上げる。これまで，事業や拠点ごとにそれぞれの現場で個別に行われていた発注オペレーションを効率化し，かつ，新運用の徹底，統制の確立を行うために，センターに集約化する。センター化をせずに，現行拠点のオペレーションをそのまま流用することも可能だが，その場合でも，もし，そのオペレーションが調達部門ではなく，他の部門の管理の元に行われているのであれば，オペレーションの管轄権限は，各部門から調達部門へと移管する必要がある。ソーシングチームが作る標準化のための戦略とそれを現場で実行するオペレーションチームの統制管理を一体化するためである。通常，社員の雇用状況など特別な問題がない限りは，オペレーションは現行の場所ではなく，どこか別の場所にセンター化すべきであろう。新しいオペレーションは現行とは大きく変わるので，新たな体制で臨んだ方が，速やかな立上げと安定化が期待できる。

3 ユーザー主管部門の確立

　誤解のないように整理するが，全社の利益を追求する間接材調達機能を作り，そこで必要な購入を行っていくとはいえ，調達部門がすべての購入品を自由に決定する訳ではない。調達部門はユーザーから与えられた要求仕様の中からベストな商品・サプライヤーを選ぶのであり，仕様を勝手に変えて安いものに置き換える権限は持っていない。仕様を定義するのはあくまで要求部門，ユーザーであり，調達部門はその与えられた仕様を実現するためのベストな調達を検討する部門である。

　コスト削減効果の大半は，仕様の標準化から生まれる。仕様を標準化するためには，調達部門の提案も重要であるが，ユーザー部門においても，ユーザー間で事業・拠点間の利益を調整し，仕様を統合するための調整機能が必要である。前述の警備や清掃・食堂の事例を例にあげると，事業・拠点間で仕様が異なっている場合，総務や人事と言った部門の中に，それぞれの仕様をユーザーの総意として一元化する調整機能が必要となる。これが組織改革のもう1つの核になる。「調達部門の確立」と「ユーザー主管部門の確立」，この2つは間接材調達改革において，組織づくりの観点における両輪であり，双方の機能を確立できないと間接材調達改革は成功し得ない。

　そして，たとえ総務や人事，調達部門がそうした機能を確立しようとしても，各事業，拠点の責任者がそれに同意せず，隠れて自己部門最適を追求し続けたとしたら改革は決して実現できない。間接材調達改革は，調達部門や企画部門など特定の部門だけでは実現できる改革ではなく，人事や総務の責任者のみならず，各事業・拠点の責任者を巻き込んだ全社的な改革なのである。

　各事業・拠点の責任者にとっては，これまで自由に運営してきたプロ

セスを変更させられるのだから抵抗もあるだろう。しかし，間接材調達改革の真のゴールは，前述のように，全社的に間接材にかかる費用を巧みに管理することである。これにより生まれた費用の弾力的な運用は，各事業・拠点の責任者に対して非常に有用な経営ツールを提供することにもなりうるのである。そのことをご理解いただき，改革への参画を依頼する。

4 トップマネジメントのリーダーシップ

　まずは，改革の第一歩として，これらの統括組織の確立から進めていく。しかし，現実には，日本企業ではこうした改革体制を確立，実行していくことは非常に難しい。

　欧米の会社には，CPO（Chief Procurement Officer）として全社的な調達権限を一括管理している役員が存在する。しかし，日本の場合，こうしたいわゆる「横串を通す」責任者が存在することは滅多にない。長い間，事業または拠点ごとに個別に活動を進めてきたからだ。

　本改革においては，日本企業によく見られる“業務の分散”と“オーナーシップの欠如”，この2つを解決していく必要がある。改革の必要性を理解している会社は多い。しかし，実際に改革を実行しようとすると，そのリーダーシップを取れる機能や部門がなく，改革の受け口が見つからないのが実情である。まずはCPOを核とした統括組織の確立から始めるが，必要な改革体制を確立し，根付かせるためには，経営者自らの強いリーダーシップが欠かせない。CEO，CFOレベルをリーダーに，CHRO，各事業部長を巻き込んだプロジェクトが必要になる。

5 オペレーションセンター外部化の検討

オペレーションを検討するにあたり，外部化が1つの大きな選択肢になる。なぜ，外部化の検討が発生するのか，そのポイントを2つの視点から解説する。1つには，プロセスコストの視点，もう1つは，社内統制の視点である。

1 プロセスコストの視点

プロセスコストの視点からオペレーションを考えると，オペレーションはセンター化する方が効率的であるが，その際に，よく行われる議論がある。オペレーションセンターを自前で行うか，外部化するかである。会社にとってはノンコア業務であり，各現場でも派遣社員が業務を遂行していることが多く，必ずこうした議論が起こる。センター業務を請け負う会社の多くは，よりコスト競争力のある中国やインド，フィリピンで大規模に運営しており，そのコスト競争力とノウハウを持って売り込みにくる。通常，自社で運営するよりは外部化した方が総コストは安く

《図表2-3》 アウトソースの見積り

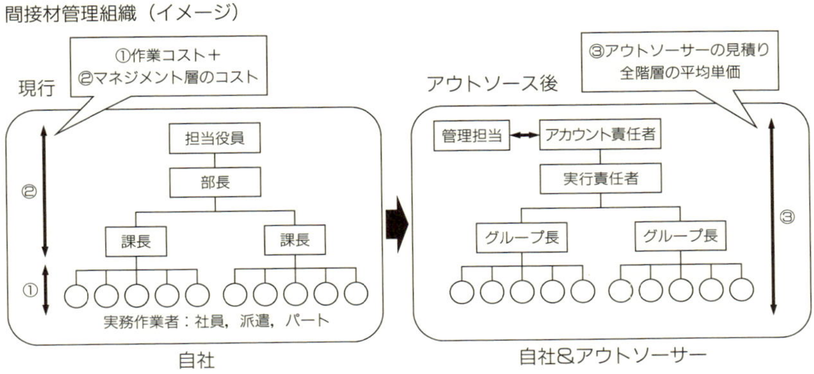

なる。しかし，一度，外部化してしまうとそう簡単には元に戻すことができない。ポイントは，このオペレーションが自社にとってコア業務であるのか，ノンコア業務であるのか，ということである。コア業務であれば，自社運用を検討する必要性があり，ノンコア業務ならば，積極的に外部化するのも1つの選択である。

外部化した際の効果試算だが，昨今，中国などの人件費も昔よりは高くなってきており，場所によっては，国内の派遣人件費もアウトソーサーの海外単価もあまり変わらなくなってきている。外部化の効果試算をする際に，単純に現行の作業コストと外部の作業コストを比較してはいけない。なぜなら，通常，アウトソーサーの管理費の中にはマネジメント層のコストも含まれているからだ。センターを外部化することにより，調達業務に何らかの形で少しずつ関わっているマネジメント層，すなわち，課長，部長，担当役員の時間的コストが削減されるのが，アウトソースのポイントだからだ。そうした費用効果を抜きに，現場の作業コストのみを比較しても正確な計算にはならない。外部化を検討する際には，こうしたマネジメント層の社員が煩雑な調達業務から解放され，これから新たに何をできるのか，ということを正しくコスト試算に織り込まないと，判断を誤ってしまう。最近は特に派遣社員の確保も難しくなっており，こうした外部化の検討は今後一段と加速するだろう。そうした状況の変化も踏まえ，適切な検討を進めていただきたい。

2　社内統制の視点

オペレーションセンターは社内統制の窓口になる必要がある。社内統制のプラン作りはソーシングチームが行うが，その施策を実行し，ユーザーと向き合うのはオペレーションセンターである。

オペレーションセンターが新たに担う機能は2つある。

> ・コンプライアンスの継続的なモニタ
> ・発注依頼の差し戻しとユーザーの教育

　サプライヤーに対し優位に交渉するためには，社内を一枚岩で統率する必要がある。どんなに調達部門がサプライヤーと巧みに交渉しようとしても，ルールを守らず，抜け駆けする社員や部門があっては，交渉の優位性は発揮できない。調達部門は社内を統率し，社内から全権委任大使として認められて初めて，強くサプライヤーと交渉でき，大きな成果をあげられるのだが，実際には，サプライヤーとの交渉そのものより，社内を統率することの方が，何倍も難しい。調達部門による社内統率を確立，維持するためには，コンプライアンスの継続的なモニタと違反者に対する賞罰が必要である。賞罰なしに，こうした体制が維持できればベストだが，現実には，こうした活動がないと運用の徹底は難しい。

　これまで，商品の選定，サプライヤーの選定，価格の承認までを実質的にユーザー側で行い，最後の発注処理のみを調達担当部門に依頼していたが，その役割分担を大きく変えるため，仕様を要求すること以外は調達部門の専権事項とすることを，各ユーザーに教育する必要がある。教育というより意識改革，もしくはしつけである。しつけを行っていくのは，最前線である調達部門のオペレーションの窓口になる。ユーザーから新しい発注依頼がきたら，その内容をチェックし，問題があればその発注依頼をユーザーに突き返し，必要な指導を行う。言うことをきかないユーザーがいたら，上司に報告し，イエローカードを提示するのである。

　実際に，こうした作業を同じ社内で，かつ，新設の間接材調達部門が実行するのは，意外に難しい。社員間の軋轢を警戒して，社内では誰もやりたがらないからだ。そうしたトラブルを避けるために，アウトソー

サーに運営を委ね，代行してもらうのも一案である。通常は，自社で新たなオペレーションセンターを立ち上げるより，経験のあるアウトソーサーに外部化した方がこうした軋轢を最低限に抑えながら，ユーザーへの意識改革を速やかに進めることが可能となる。

　あるお客様は，海外拠点において，優秀なローカルスタッフが確保できず，コンプライアンスの確立に苦労していた。ローカルスタッフが何名か，サプライヤーと結託し，悪さをしている疑いがあった。しかし，明確な証拠がないこと，暴力事件に発展するリスクがあること，社外に悪いうわさが広がることなどを考慮し，具体的なアクションが打てずにいた。そうした状況に対処すべく，オペレーションの外部化を決定した。現地社員から反対もあったが，日本の本社の方針で，拠点では決定は変えられないとのことで押し切った。オペレーションを外部化すると，徐々に不正ができなくなる。そのため，こうした悪さをしている社員は，うまみがなくなり，徐々に会社を去っていく。1年後，オペレーションは非常にクリーンになった。

　この場合，初動時には外部の力も借りつつコンプライアンスを確立し，数年後にオペレーションを自社に戻すこともできるし，また，外部化が心地よければそのまま延長することもできる。このような場合には，オペレーションセンター外部化の検討は，非常に有意義であると言える。

第3章

間接材調達の基本

1. 間接材調達の定義
2. 間接材調達の役割・責任と権限の設定
3. 要求元と調達部門の明確な分離（支出承認と調達承認）
4. 間接材調達の対象範囲の確定
5. 支払いプロセスの集約
6. 価格低減の計り方
7. サプライヤー・マネジメントとユーザー・マネジメント

1 間接材調達の定義

　間接材調達部門で取り扱うべきである物品とサービスの範囲に関する定義は会社によってまちまちである。日本の多くの会社では，なにか確固たるルールや定義に基づいて，取扱い品目を規定しているところは少ない。むしろ，その品目を購入するにいたった経緯やその背景から対象範囲が決まっていることが多いのが実情である。

　間接材を担当しているバイヤーの多くは，全社まとめてソーシングをすれば，より多くの価格低減が得られるであろうと感じてはいると思う。しかし過去の経緯で決まっている担当分野の壁を取り壊してまで間接材調達の範囲を拡大していくには大きな抵抗がある。また意欲があっても，変革を進めていくための要員を確保するところから始めなければならない。

　製造業では，製品のコストに入るものを生産材調達が扱い，それ以外は担当外，したがってそれを取りまとめるのが間接材調達という形で対象範囲がきまっていることも多い。この場合，製品開発時の調達は間接材扱いで量産になると直接材という分け方となっているような場合もある。これなどは取引先側から見れば，開発製造のフェーズの差で担当する調達部門が異なってしまうということも起こり得ている。直接材と間接材で別の調達システムを使う場合は調達業務の重複も発生する。全社同一機能としての調達の担当範囲を整理する場合，このような点も考慮する必要がある。

　また製造業の大手では複数の事業部が独自の製造拠点を持ち，生産材調達でさえ分散化しており，それに付随した間接材調達が取り扱う範囲は同一会社の中にも複数存在していることもある。

またビジネス競争の激化から，業務提携やM&Aが進み，それが海外にも広がっているような場合には，会社の中での間接材調達の定義の統一化すら難しくなっている。

そのような状況ではあるが，昨今，社内の間接材調達の改革に取組みだしている会社が増えてきている。その動機は大きくは2つある。1つは本業に関わるいわゆる生産材調達の価格低減に関しては，やり尽くしている感が多く，円以下の単位での価格管理がなされているところが多いにもかかわらず，間接材に関してはまだ手をつけていないところが多い。支出の内容や概算金額すら，把握しきれていないところもある。2つ目は物品よりもサービスを購入する割合が増えているにもかかわらず，サービスの調達は全社的に管理されておらず，サービスを受ける現場に任せている状況が多いことである。

本章では，間接材調達改革を進めるにあたっての基本的な考え方と実践的なやり方について解説していきたい。

2 間接材調達の役割・責任と権限の設定

「間接材調達の」という但し書をつけているが，生産材調達でも「役割・責任と権限」は基本的に同じである。

著者は日本のさまざまな会社の購買・調達の方と話をしてきた。意外にも自社の調達規定には「調達に関する権限を有する」等の記述があり，調達権限が調達部門に集中しているとのルールがあるところも多い。1つの独立した部門として「調達組織」を持つということは，全社的な視点で一元化された調達機能を持つということでありこの規定の記述は正論である。しかしながら，前述の自社の調達規定の権限に対する話には後段があって，実態を聞くと「取引先選定や価格」に関しては，調達には最終承認権限がなく，事業部側に最終決定権がある，したがって調達

は全体の調整役の役割を担っていると言うところも少なくない。良し悪しではなく，日本的な本音と建前の使い分けと，各部門で協調して事を進めていく現われであろう。調達の役割という観点では共通認識はあるが，実際の権限に関しての明確な記述がないため，責任範囲も曖昧になっていると思われる。

　一方，多くの外資系の会社では，弊社も含め，「調達に関する権限」という大きな括りではなく，具体的な権限を規定して役割と責任範囲を明確にしているところが多い。この具体的な権限であるが，多少の差はあるが次の2点に集約されている。

1　取引先を選定すること
2　調達価格・その他の条件を決定すること

　この2つの権限を全社の中で専権的に持つことで，調達部門の責任は外部からの調達に際し，全社的にみて最善の価値（Best Value）を持つと規定される。言い換えれば，権限を持つことで価格低減を始めとする価値をもたらす責任を持つということになる。価格低減額目標を達成することが部門の責任となっている所以である。

　間接材調達部門がないか，または限定された領域のみの活動の状態から，担当範囲を拡大し，強い調達を目指す場合には特にこの役割・権限・責任を意識していくことが必要である。

3 ┃ 要求元と調達部門の明確な分離（支出承認と調達承認）

　調達部門に「取引先選定」と「価格ならびその他の条件の決定」の権限を持たせたときの，要求部門（購入物品の使用者・提供サービスの受

益者）の役割はその支出承認，すなわち会社としてその金額を支出することに対する承認を得ることになる。

調達規定では調達に取引先選定の権限を持たせながら，運用では外部支出に対する予算承認や予算執行承認のタイミングで取引先選定も含めた包括承認を「稟議」という形で関連部門ならびに上位マネジメントの決裁をとるという形で行っているところが多い。調達権限が運用上，あいまいのままになっている。

「調達承認」と「支出承認」を別のものであるという認識を持ち，調達部門と要求部門とのそれぞれが正しい承認をすることが，強い調達を実現する第一歩になる。

間接材の大きな特徴は社内にさまざまな要求元がいることである。調達機能を独立させることが大切である。

本稿では調達と要求部門の権限に基づき，強い間接材調達を作るうえでの考え方とそのやり方について解説していく。

4 間接材調達の対象範囲の確定

間接材調達の範囲は極論すれば，会社が外部から調達するもので，生産材調達が取り扱わないものすべてということができる。

しかしながら，現実の調達を運営していくには，それにかかるリソースとコストを最適化していく必要があり，ある優先順序付けで間接材調達の取り扱い範囲を定義するのが合理的である。

ここでは優先順序付けを行うにあたって，以下の3つの側面から整理していきたい。

1　価格格低減効果
2　ビジネスコントロール

3　サービス調達の取り込み

1　価格低減効果

　価格低減効果の観点から言えば，単純に調達が取引先選定と調達価格の決定を全社の中で専権事項として取り扱うことで，全社にとって最適な購入価格と購入条件が得られるものすべてが対象となると言える。

・数量をまとめることによる価格低減
・取引先を集約化することによる価格低減
・契約条件を最適化することによる価格低減（支払いリードタイム・数量のコミットの有無・瑕疵担保期間　等）

　これらの観点から会社で購入（外部へ支出しているもの）を見直してみると理屈ではほとんどのものの価格交渉が可能であると分類されるはずである。

　「いやぁ，あそこの取引先はさがらない」「どこそこの領域は聖域で交渉すらできない」という声はあるはずである。しかし，それらは後述のサプライヤー・マネジメントとユーザー・マネジメントでチャレンジし，判断をしていけばよい課題であり，着手の優先順位はあるが対象から外すものではない。

　公共料金などは調達が入っても価格低減を得られない品目であるといえる。電話料金もかつては公共料金であったが，民営化され現在は間接材のなかでも大きな支出を持つ品目である。電気料金も提供電力会社の選択が可能になっている。

　取引先選定と価格決定を会社として1つの専門部門（調達）に集約さ

せるということは，このように固定的な決定ではなく，時間や状況によって，かつては関与できなかったものが，調達対象に変化していくものだと認識することが大切である。一度，調達関与が必要ではないと判断されても，定期的に見直していくことが大切である。本書で繰り返し述べているが，ここでも「支出金額の見える化」をすることが重要で，どの領域が現時点では「聖域」で，チャレンジ中のものはどこであるということを金額で管理できるようになると全体像が明確になる。

会社によって，「調達通過」の品目範囲は異なっているのは仕方がないが，調達改革を進めるのであれば，どの品目を部分最適として取引先を決め，どの品目を全社最適とするかを考える必要があるということである。

2　ビジネスコントロール

間接材調達を取引先選定と価格決定を専権として実施する調達部門で実施するプロセスではどのようなビジネスコントロール上の利点があるかを検証する。ビジネスコントロールの基本は調達プロセスに特有のものではない。一連のプロセスを同一の組織だけで完結させないという権限分離の考え方に基づき，必要なステップごとで実施部門を分けることと適切な承認プロセスの設定の組み合わせで実現する。検証により，適切な権限分離と承認プロセスを持たない場合のビジネスリスクが明らかになる。

「要求元と調達部門の明確な分離」では要求元と調達部門の権限分離について述べたが，これを調達プロセス全体（Procure to Pay：P2P）で見ると以下のように分けることができる。左側が実施内容で右側が一般的な実施部門である。

1	仕様の決定	要求元
2	取引先選定・価格の決定	調達部門
3	予算執行承認または支出承認	要求元の上長もしくは予算管理部門
4	注文書の発行	調達部門
5	受領・検収	受入部門もしくは要求元と要求元の上長
6	請求書の発行	取引先
7	支払い	会計部門

　このプロセスは都度見積を習得して注文書を発行する前半部分と物品・サービスを受領し，取引先からは注文書に対する請求書が発行され，それが突合することで，支払いにつながる3点照合の後半部分からなっている。

　基本形としてこのプロセスで検証を行うが，調達パターンとしてはカタログ調達や契約調達といったいくつかのステップをスキップしたものもある。いずれも基本形からの変形パターンであり，繰り返しとなるためそれぞれのパターンの検証は割愛するが，考え方は同じであるので，必要に応じて検証を試みてほしい。

　③ の「要求元と調達部門の明確な分離」でそれぞれの権限を説明した。

　調達プロセスでこの分離がなかった場合，すなわち1から5が同一の要求部門で完結可能となると，購入内容自体に対する確認・牽制プロセスがないこととなってしまう。

　誤解なきよう念のため書き加えるが，不正が発生すると言っているのではない。プロセスとしてそのようなことが実施可能になっているということである。権限分離とは，プロセスを分割してそれぞれの実施者を

分けることで，間違いや不正が起きないようにモニターできるようにすることである。

この場合の考えられる発生リスクは発注金額・時期の操作や架空発注となる。

注文書を発行しないで取引先からの請求書で支払いにつなげる処理は，どの会社にもある処理である。当然，各社はそれぞれの承認プロセスを設定のうえ，運用しているのだが，場合によっては同一部門で完結していたり，権限分離があいまいであったりする場合がある。可能なものは請求書払いから，間接材調達プロセスに移行させたほうが，ビジネスコントロールが強化できる。

個人が利益を得るための不正ばかりではない。残念なことに，取引の金額や発生時期を操作することで，ビジネス上の成果・成績を良く見せるという不正も発生している。

次に上述のように調達プロセスの各ステップで権限を分離した場合にも残るリスクを検証する。

まず3に関しては，独立した予算管理部門がない場合，1と3の実施部門が同じ要求部門となる。買いたいものを決め，その予算承認が同一部門ということである。

独立した別部門が3を実施していなくても，システムで予算の取り崩しを管理するか別の予算管理によりこれを実現させている場合にはリスクはない。またこれを要求元の上長の承認のみで行う場合は，同一組織での実施となってしまう。ただし上長の承認は管理者による承認であり，これを二次的管理と見なして権限分離を実現していると判断する場合もある。この場合の管理者による承認ポイントは購入要求の内容の承認（それを外部から購入する事の承認）に加えて，会社として予算措置がとられている承認となる。

2と4は調達部門が重複している。ただし，これは2で決定された取引先と価格が変更できない形で実施されることが担保できれば問題はない（2と3はそれぞれを調達と要求元が行い，かつこの間での変更はない）。

見積システムと発注システムがつながっている場合はシステムでこれを担保していると考えられる。

これができない場合は，見積金額と発注金額が同一とならないことが発生するリスクがあるので，適切な確認・承認プロセスの設置が必要となる。

5の「受入」に関しては少し注意が必要である。物品等の目に見えるものであれば，専門の受入を設けることで第三者が納入の有無を確認可能であるが，サービス・役務の提供に関するものは受益者だけが，その受領もしくは終了を確認できることが一般的である。そして受益者＝要求元であることが多いわけで，こうすると権限分離ができていないことになる。リスクとしては受領していないものや仕様にあっていないものであっても検収されてしまうことが考えられる。

サービス・役務に関しても「受入」を通して納入するようにしている会社もあるが，どこまで厳密に確認するかで権限分離の観点からは実効性に乏しい場合が多い。

現実的な方法としては要求元＝受入となる場合は必ず要求元の上長の管理者が承認をするとか，受領を証明するものを別途保管する等の二次的な管理を追加することが考えられる。

さらにこの二次的管理に加えて定期的なサンプリング監査を取り入れることでビジネスコントロールを強めることが可能となる。

調達プロセスに潜在するリスクを見てきた。調達は会社の資金を運用しているわけで，コストはかかったとしても，透明性を強化して説明責

任（アカウンタビリティ）を担保することは必須である。もちろんワークロードと発生頻度，さらにはリスクが現実化したときの影響（被害）とのバランスを考慮したうえで，間接材調達の適用範囲を決めるべきである。

3　サービス調達の取り込み

　現在，日本では間接材調達部門があっても，対象が物品調達に限定しているところが多い。

　物品とサービスを代表的な品目別で分類すると以下のようになる。

物品調達：
　文房具・書籍・オフィス什器・IT製品・パッケージソフトウェア・設備・工具　等

サービス調達：
　業務委託・コンサルタント・通信・ネットワークサービス・ビジネスサービス・清掃・警備・派遣社員提供・出張手配（トラベル）・食堂運営・ユーティリティ（電力・ガス・水道）・産業廃棄物処理・保険・クレジットカード（コーポレートカード）　等

　品目分類種類は圧倒的にサービスの方が多い。

　また昨今，物品の提供のみは行わずサービスを付加した形で提供されるものも増えているので，サービスに分類される品目はさらに増えている。

　対象範囲の確定の項で述べた2つの視点（価格低減効果・ビジネスコントロール）から見ても，もしまだサービス品を間接材調達の対象としていないのであれば，これをいかに取り込んでいくかが課題である。

　間接材における物品とサービスの特徴には以下のような違いがある。

●物品

✓ 商品が目に見える

✓ 仕様が明確であり，その仕様を計測することが可能である

✓ 単価を決めることができるものと個別見積をとらないと金額が決まらないものがある

✓ 発注時に金額の決定が可能

●サービス

✓ 成果物として受領できるものがある場合とサービスの提供を受けるものがある

✓ 要求仕様は決められるが，提供されたサービスの品質測定を統一化することが難しい

✓ 単価を決めることができるものと個別見積をとらないと金額が決まらないものがある

✓ 発注前に金額が決定できるものと発注後に金額が決定・変更されるものがある

これらの違いがサービス調達を間接材調達に取り込むことの難易度の高さになっている。

1　提供サービスを仕様書としてどのように記述するか
2　発注単位・納入単位をどうするか
3　検収基準はどうするか
4　金額の決定はいつどのように行うか

サービスという大きな括りでの統一した解はなく，品目別また取引先・要求部門との関係のなかで，丁寧に標準化していくことになる。

第3章　間接材調達の基本　59

　日本の多くの会社が抱えている調達の課題の1つは，まさに「サービス調達」が全社統一視点で実現されていないことである。

　しかしながら，間接材調達におけるサービスの比率は年々増大しており，サービスに関する支出の見える化を行い，全社的な視点で管理していくことは急務である。逆に言えばだからこそ，間接材調達の範囲を広げる間接材調達改革が必要なのである。

　サービス調達の品目のなかには，以前は多くの企業で調達では取り扱っていなかったが，これらを対象とすることで大きな成果があったものがある。以下にその取組み方法を紹介する。

(1)　トラベル

　出張時の交通費ならびに宿泊費などの支出カテゴリーである。取引先への支払いという点では通常の調達の注文書・請求書というパターンではないので，調達の管轄外と思われがちであるが，1）会社対会社の契約によって，会社特有の法人レートを適用する，2）社員の取引先選択を管理することで，特定の取引先への集約化を計る，という点で価格低減を得られるので間接材調達が取り扱うべき品目である。

　加えて，社員の出張時の安全を確保し，また万が一の非常時に社員の旅程を管理しておくということも，一元管理のメリットとなる。

　国内出張にかかわる，鉄道運賃・国内線航空運賃・宿泊費に関しては価格低減という点では，それほど大きな低減額を得られることはできないが，後述のコーポレートカードの使用，また昨今の鉄道予約サービスやネットでの宿泊予約を使用する等の施策を併用することで，ある程度の低減は得られるはずである。

　海外出張に関しては自社の出張先とその頻度を用いてホテル宿泊費や航空運賃の法人レートを交渉することが可能である。自社の出張規定の

見直しをすることができれば，優先価格先への集約度を増やし，さらなる価格低減を得ることができる。

⑵　食　堂

社員食堂の運営に関する品目であり，これも通常では調達の対象外になっている場合が多い。実際の支払いは社員から食堂を利用した際にその代金を支払うことで行われている。中には会社がその費用の一部や全額を負担する場合もあるが，それはその会社の福利厚生施策であり，調達の価格低減とは関係がない。調達が食堂運営会社を選定するメリットは食堂運営会社に対するサイニングボーナス（契約時に食堂運営会社が依頼会社へ支払うもの）である。

食堂運営に関しては，もちろん提供されるものの品質確保は必要であるが，一度競合入札で運営会社を決めれば，短い年月で取引先を変更するメリットはあまりない。

むしろ長期年の契約を入札の条件の１つとして提示し，それに対するサイニングボーナスの金額の多寡を採用条件の項目とすることができれば，それは調達がはいることによって得られるメリットといえる。

社員食堂の運営会社の視点からみれば，安定した長期にわたるビジネスオポチュニティをえることができるというメリットがある。物品調達の調達施策の１つである，取り決めた購入金額を超えた時点での払い戻し条件の変形と考えることができる。

もちろん，この低減額を社員の福利厚生にあて，社員の食堂費用の低減にあてるか否かは調達とは別の話である。

⑶　コーポレートカード

会社から外部のエンティティへの支払いの方法は，１）注文書発行によるもの２）請求書によるもの，３）社員立替によるもの，の３種類が

あり，1）と2）は取引先への支払い，3）はいったんその支出を立て替えた社員への支払いとなる。支出の見える化の観点からは3）は支払いデータから直接取引先名がわからないという欠点がある。支出データの見える化の観点から，できるだけ社員立替にはコーポレートカードの使用を推進するべきである。一般に社員立替の金額が大きな品目は出張費用（トラベル）である。

　前述のようにホテル・航空会社の主要取引先を決定し，出張時にはコーポレートカードの使用を義務づけることで，支出の見える化は加速できる。カード会社には法人に向けて，支出データの分析サービスを提供しているところもあり，これを活用することも，更なる価格低減施策を立案する際には有用である。

　コーポレートカードを使用するもう1つの大きな利点はカード使用金額に対して付与されるポイントの会社への還元である。個人カードを使用した場合は個人に還元されていたポイントが会社へ還元されることに抵抗があるかもしれないが，そもそも個人消費ではなく，会社の業務に関しての支出だとわりきればそれほど違和感のある施策ではないはずである。この還元率や運用ルールは支出規模や条件またカード会社によって異なるため，競合評価等でカード会社を決定することは価格低減の観点から見て大切である。

⑷　保　険

　保険に関してもこれまではあまり調達が関与して契約先保険会社を選定しては来なかった品目であろう。

　法人保険には大別して生命保険と損害保険があり，会社のなかでどの部署が取り扱っているかはまちまちである。また関連会社や融資等の付き合いのある金融機関等，取引先選定にはさまざまなステークホルダーがいることも推測できる。また税務上の観点や保険そのものの知識の点

で調達だけで取引先選定が困難な代表的な品目である。

　他の品目も同様であるが，調達部門だけで取引先の選定と価格の決定を進める必要はない。言い換えれば，調達にすべての品目のエキスパートの人材を集める必要はないのである。必要であればその品目のエキスパートの力をかりればよいのである。それが社外であってもその知見をかりることを考えればよい。調達に求められるものは全社視点での同一の物差しを持ち，会社に全体最適をもたらす取引先選定と価格の決定を推進することである。

⑸　ユーティリティ

　公共料金に関しては価格交渉の余地はなく，調達品目からは外すものである。

　US などでは前述のコーポレートカードでの支払いに変更することで，還元ポイントを増やすことを実施している話は聞くが，日本では現時点ではカード会社で対象外扱いになっている。

　公共料金であるから未来にわたって，ずっと非調達品目であるとは限らないことは自明であろう。通信費・電気料金はかつて取引先選定や価格交渉ができない品目であったが，いまや立派な調達対象品目である。

　調達部門には定期的に調達不通過になっている品目の状況を確認し，新たな調達施策をうつことができないかを検討し続けることが求められる。

5 支払いプロセスの集約

　会社から外部のエンティティ（外部の会社もしくは個人・団体）への金銭支払いは雇用による賃金の支払いを除くと次の 3 つのやり方に分類される。

1　注文書

買い手側から発行された金額が記載された注文書による支払い。
契約書書式で支払い金額が記載されているものも含む。

2　請求書

支払い先から発行された請求書による支払い。
自動引き落としも含む。

3　社員立替

本来会社からの支払いになるものを社員が立て替たものの精算。
コーポレートカードによる決裁も含む。

　間接調達部門が取引先選定と価格の妥当性担保を全社の中で行うということを目指すのであれば，原則，できる限り「1　注文書」に寄せることが必要である。

　間接調達部門が注文書を発行するということは，要求者とは別の部門である調達部門が注文書発行前に取引先との間で価格やその他の条件の合意することができるということである。これにより要求元と調達の権限分離が明示的に可能となる。また注文変更管理は必要であるが，検収後の価格変更を許さないことにすれば，納入・検収処理は金額や契約条件の確認を伴わないシンプルなものになり，これで，要求元・調達・受入の権限分離が可能となる。これに請求書を加え，注文書・検収・請求書を突合することで，注文がクローズとなり支払いプロセスに進むという三点照合による管理ができれば調達プロセスにおける権限分離がとてもわかりやすい形で実現できることになる。もちろん，「2　請求書」「3　社員立替」であっても調達部門が取引先選定と価格の妥当性を担い，そ

の結果に基づいての請求書もしくは社員立替というパターンも存在する。商習慣や取引先との関係から一部の品目では注文書ではなく，請求書による支払いにせざるを得ないものがあるからだ。また出張費の精算などは調達が航空券やホテルのレートを契約しているが，実際の支払いは社員立替とするほうが合理的である。課題としては，それが調達によって決められたものを正しく反映しているかの確認をどうするかである。

調達システムによっては契約書の契約条件による支払いを管理できるものもある。社員立替に関してはコーポレートカードの使用を必須とするのと旅行代理店を通すことで，契約してある法人レートが適用していることを確実にする方法もある。

6 価格低減の計り方

価格低減は調達の果たすべき責任のなかで大きな比重を持つものであり，目標値が設定され進捗を管理されている。しかしながら，意外にもその定義や計算方法は各社各様である。

また曖昧な定義のままの運用を実施している結果，価格低減額を後日検証しようとしても数字が合わず，再現不能ということも発生している。

ここでは価格低減を以下の3つの観点で整理することで，曖昧さをできるだけ排除した運用への助けとしたい。

1　使用目的
2　測定起点と計上期間
3　種類

1　使用目的

調達のパフォーマンスを計る指標であることには違いはないが，結果として得られた低減額を評価する場合とバイヤーの評価に使う場合で定義と種類は異なる。

前者の場合は，価格低減の利益を受ける側のメジャーメントと連携できることが必須となる。予算額が明確に決まっている場合は調達による取引先選定と価格決定の結果で得られた差額を低減額とする。プロジェクト等で予算がある場合などには適用できるが，部門経費の場合，個別価格低減のレベルまでの詳細予算まではないことが多い。この場合には支出金額を総量低減と単価低減に分けて管理し，調達は単価低減にのみに関与することを明確にすることが必要である。

物品の単価やサービスの役務提供の時間単価・人月単価は調達が担う低減になるが，どれだけ購入するかの総量管理は要求部門自体もしくは第6章の「ユーザー・マネジメント」で説明する主管部門が行う。この責任の分離の共通理解がないと，混乱が生じる。「調達は価格低減の実績を上げたといっているのに経費総額は下がっていないのはなぜ？」ということになりかねない。

前述の予算との差で低減額を算出するとは要求部門や主管部門での管理のメッシュが細かく，結果として調達の低減額がそのまま指標として使える場合と整理できる。

一方，後者のバイヤーの評価は主に調達内でのメジャーメントとして使用する際のものである。本来は同じ調達の指標であるので，同一とするべきであるとの考えもあるが，要求部門に貢献する低減の種類と定義がより限定されるものとなるので，担当バイヤーを公平に評価するために別の種類と定義を加えるという考え方である。詳細は「3　種類」に譲るが，値上げ要求や市場価格が上昇している状況でのバイヤーの貢献

を評価に加えるというものである。

2　測定起点と計上期間

価格低減額をどこの起点からの差額とするかとの定義の問題と，繰り返し発注が行われるものの取扱いの問題があるので，低減として効果を計上する期間をどのくらいにするかの定義は明確にして関係部門との間で共通理解を持つ必要がある。

一般には起点は会計年度の初日とすることが多い。昨年度価格からの差を低減額とする。ただ，削減プロジェクト等が複数年にまたがって実施されるような場合はプロジェクトとしての全体の効果を見るためにプロジェクトスタート時を起点とする場合がある。

逆に四半期ごとに支出計画を立てている場合にはその期間での低減は次の四半期計画には織り込み済みとの考え方から起点と期間を四半期で区切って，四半期のスタート時にリセットする運用をしている場合もある。

また計上期間に関しても，1年が一般的であるが，1年であっても起点ごとにリセットする（最長1年）とする場合と価格低減の完了後1年とする場合がある。前者は会計年度の後半になればなるほど，計上できる低減額は小さくなることになる。また戦略ソーシングを実施した際の低減額は次回の価格改定までの期間で低減額を計上することがある。

また前述の複数年にまたがる削減プロジェクトでは起点をスタート時にするのであれば，計上期間もプロジェクト期間とすることになる。

これらは決めごとであるので，どれかが正解ということはない。1の「使用目的」によっても異なるものである。

3　種　類

価格低減には定義と計算方法からいくつかの種類がある。**図表3-1**が

第3章　間接材調達の基本　67

《図表3-1》　価格低減の種類

分類			ケース	低減計算方法
A	過去の実績との差額	1	同一物品またはサービスの購入実績がある	(旧単価−新単価)×発注数 前回契約金額−今回契約金額（同一の期間長で計算）
		2	類似品の購入実績がある	類似品単価・金額を正規化（Normalize）した上で (類似品単価−新単価)×発注数 類似品契約金額−今回契約金額（同一の期間長で計算）
		3	仕様変更があった場合	仕様を正規化（Normalize）した上で (旧単価−新単価)×発注数 前回契約金額−今回契約金額（同一の期間長で計算）
		4	大量品目（数）の個別算出が困難な場合(カタログ等)	妥当な割合の部分低減率を全体の低減率と見なして算出（拡大推計）
B	同一見積内の価格差	5	過去に購入実績がなく，同等品や市場価格の比較も困難な場合（高額な競合評価を実施する場合等）	競合評価（見積）の場合 初回見積の平均価格−決定価格 ＊但し初回見積が平均値から20％離れたものがある場合はそれを除く 一社見積の場合 初回見積価格−決定価格
C	マーケットトレンドとの価格差	6	同一品での価格比較ができない場合で，同一品目の市場価格の変動動向情報が入手できる場合	基準時点からの市場価格変動率幅と自社での調達低減率幅の差に対象期間の支出額をかけたものを低減額として算出
D	予算との価格差	7	承認された予算がある場合	予算金額−確定金額
E	副次効果	8	業務プロセス変更によるコスト低減	従来発生していたコスト−運用の変更後のコスト
		9	買い方の変更によるコスト低減	従来発生していたコスト−運用の変更後のコスト
		10	価格低減以外で，買い手側の利益となるもの	適時，状況から計上
F	予防・防御効果	11	価格増要求に対する低減	要求金額−合意金額

代表的なものである。

　1で述べた使用目的の観点からは要求部門と合意形成が可能な分類としてはA・Dが基本となる。ただA−1以外のAはその比較が妥当であることのアカウンタビリティの担保が条件となる。また同様にEに関しては個別の低減案件で算出根拠と方法が要求部門と合意ができれば計上するという運用も考えられる。

　要求部門によって異なる運用となる場合は第6章の「ユーザー・マネジメント」で紹介する要求部門調達担当が調達部門を代表して要求部門と価格低減に関する計上ルールの合意を形成する役割を担う。

バイヤー評価の観点からは，バイヤーが交渉によって得た成果を評価するという観点からB・Dを加える。またバイヤーの担当品目によっては市場価格によっては低減額を得られづらいものもあるため，それらの品目での貢献を評価するためにCを加えることが考えられる。

価格低減は調達の重要な指標であり，厳正な運用ルールの実施と結果に対するアカウンタビリティの確保は強い調達部門を作るうえで重要である。

7 サプライヤー・マネジメントとユーザー・マネジメント

強い間接材調達部門を作るうえで，その対象となりうる品目を見てきた。生産材調達との大きな違いは生産材調達の要求部門は開発・設計部門や生産管理というように限定されるのに対し，間接材では複数の部門にまたがったり，また要求者が全社員になったりすることもあるという点である。

したがって，通常の調達が考える対取引先に対する戦略・施策だけでは大きな成果を上げることは難しく，対要求部門（対要求者）に対する戦略・施策が重要となる。前者の取扱いをサプライヤー・マネジメント，後者をユーザー・マネジメントと定義する。

第4章では「サプライヤー・マネジメント」，第6章では「ユーザー・マネジメント」の基本的な考え方を説明し，第7章でその2つのバランスをとりながら，どのようにして，「戦略ソーシング」を進めていくかを説明する。

第4章

サプライヤー・マネジメント

1. 品目分類に基づいた調達データの可視化
2. 取引先名称の名寄せの推進
3. 重複登録取引先コードの最小化
4. 新規取引先登録プロセスの構築
5. 調達パターンの整理
6. 見積仕様書の種類
7. 取引先の層別化（Supplier Segmentation）の考え方と進め方
8. 取引先評価の考え方と進め方
9. 競合評価の考え方と進め方

参考資料1　新規取引先仮登録フロー
参考資料2　新規取引先登録＆契約締結フロー
参考資料3　競合評価フロー

本章では間接材調達改革を進めるにあたり，サプライヤー・マネジメントを強化していくための考え方の変革やそれに伴う施策を初歩的なものから順に整理，説明していく。

1 品目分類に基づいた調達データの可視化

調達データの見える化を行ううえで，忘れてはならないことは全社レベル（対象によってはグループ会社・海外拠点も含めた）での品目分類コードを定義して，データを蓄積することである。

支払いデータは仕訳のために経理費目と勘定科目が付与されているが，調達データとしてはこれらの分類では不十分である。また経理データには仕訳のための仮計上や相殺のデータも入っていることがあり，それをそのまま調達データ分析に使ってしまうと判断を誤ることになりかねないものもある。

派遣社員の契約・支払いは部門経費であったりプロジェクト費用に分類されたりすることもある。工場で使われる消耗品も同じ製品がオフィス使用される場合でも，それらの経費費目は異なる場合が多い。品目的には同一として扱うべきものが，仕訳上では別の分類となっている。

調達品が「なんのために買われたか？」の分析はもちろん大切であるが，調達視点では「なにを買ったのか？」がより重要である。バイヤーは何を買ったに集中し，どうしたら，より良く調達できるかを考える。

また，間接材調達の範囲拡大の進捗を見るためには，この品目コード分類は発注データだけに適用するだけではなく，請求書支払いや社員立替払いのデータにも適用することを検討したほうが良い。調達改革を進めていく過程で，なにが調達通過品でなにが調達を通さずに購入してよいかのルールを決め，それをモニターしていくことになるが，その際にこれらの分類データは必要になる。

第4章　サプライヤー・マネジメント　71

　品目コード体系は可能であれば，品目としての一貫した分類体系を持つことが，望ましい。第5章の「調達部門の組織編制」で述べるが調達のソーシング組織は品目別に編成したほうが良い。品目に特化したソーシングバイヤーの専門性を高めるのが一義的な理由であるが，バイヤーリソースの観点から，一人のバイヤーが複数の品目を担当する場合にもできるだけ類似品目の取扱いとしたほうが効果的だ。

　品目コード体系を何階層で構築するかは，購入している間接材の種類の数が会社によって異なるので，一概には決められない。品目別ソーシング戦略を立案するという観点からは3階層の体系で構築して，戦略はまず第2階層で考えてみるというのが一般的である。

　この類似品目（品目コード体系で隣り合っている品目）には将来の戦略ソーシングのヒントが眠っていることが多い。バイヤーは蓄積された調達データを品目軸・取引軸・要求元軸といったさまざまな角度から分析する。その際に隣り合った品目にあきらかな傾向の違いがあれば，それを掘り下げることでソーシング戦略を見つけることができるかもしれない。

　現行の間接材調達が事業部ごとの調達になっている場合は，どうしても担当バイヤーが事業部で扱う品目の特殊性にとらわれてしまい，なかなか品目分類という分類ができず，業務別の品目分類が混在することもある。品目コード分類の導入が始めての場合はある程度の混在は業務の混乱を避けるためには致し方ない。

　品目分類コードは蓄積したデータを分析するためのものであるので，頻繁な変更は避けたいが，ツールなので永遠に固定するものではない。変更した場合のデータの整合性の調整は必要であるが，バイヤー視点で，より効果的な管理ができるようになるものであれば変えていく。ソフトウェア関連の開発業務が以前はソフトウェアに分類していたものを業務委託へ移動したり，ハードウェアとして分類されていたものが，その価

格構成の大半がソフトウェアであることから，ソフトウェアに変更したりした例がある。

　間接材調達改革を始めるか否かを検討する段階では，現行調達システムでのデータに限りがあることが多く，支出データを使ってどれくらいの規模の削減効果が期待できるかを試算する。ほとんどの場合，品目分類コードを持った支出データはない。経理費目と品名や請求書のタイトルから，支払いデータを品目分類に分け直し，取引先のばらつきや調達の成熟度から，削減規模を予測する。お客様の依頼により弊社でこの作業を行う場合，以前は間接材調達のベテランバイヤーの経験や知見を使った手作業で膨大なデータの再分類を行っていた。最近はAIにデータを読み込ませることで，繋がりを学習，推測させることで，作業効率はあがり，また人間が実施するよりもバラツキが発生しなくなった。

　しかし，この段階でのデータでは低減効果の規模を予測する程度の精度でしかない。時折，この予測数字だけが一人歩きしてしまうことがある。実データを発生時に品目分類コードに振り分けたものが蓄積されて始めてデータの見える化が実現するのである。

　調達からガイドがない状態での購入品目の記述のレベルはバラバラで，これらをすべて正しい品目分類に落とすことは不可能である。また，この段階での請求書は，複数の品目を「一式」でまとめられているものも多い。

　見える化の精度向上は調達改革を進めていく過程で，調達パターンと調達単位を整理し，品目ごとの戦略ソーシングを展開していくことでしか成し得ない課題である。地道で時間がかかるが，バイヤーが品目軸で考える習慣を持つことは，調達組織全体のスキル向上の第一歩となる。

第4章　サプライヤー・マネジメント　　73

2 取引先名称の名寄せの推進

　品目分類コードの導入の次にすべきことは取引先名の名寄せである。調達データの見える化ができても，同一の取引先のデータが別々に管理されていては，判断を誤ることにもなりかねない。また取引先を対象とするさまざまな施策をうっていくにあたり，重複に登録された取引先はやっかいである。

　この問題は誰もが理解していながら，なかなか手がつけられない課題でもある。長い間，調達を続けていると，同一の取引先であっても取引先マスターには複数の登録があるものが増えてくる。登録が複数となる理由は以下のようなものがあると考えられる。

　・取引先の支店・営業所を別登録
　・要求部門での独自登録
　・支払いサイト（支払いリードタイム）が違うための別登録
　・自社側で会社合併等がおこり，取引先マスターを統合したための重複
　・請求書払い依頼時に取引先マスターの確認が不十分で別登録
　・取引先側の会社統合や社名変更による複数登録

　もちろん別管理が必要で同一会社であっても複数の登録が必要なものはあるが，調達視点からは，できるだけ一社・一登録という原則をもつことが大切である。少なくとも，複数の登録がある場合の理由はきちんと把握して状況を管理できるようにしておくことは必要である。

　これにより，会社対会社での総支出額や契約条件の見える化が容易になる。総支出額をベースとした価格折衝は言うまでもなく，一物多価をできるだけ排除し，契約条件の一本化といった契約管理にもつなげるこ

とができるようになる。

　これまで間接材調達を実施する部門がなく，要求部門に任せていたような場合は基本的に請求書払いのための登録が主流であり，かなりの重複登録があることが考えられる。

　名寄せを実施する前にまず，取引先登録時の表記ルールを決めておく必要がある。これを決めておき，きちんと運用していかないと，せっかく名寄せで重複登録を整理していっても，同時に重複登録を許してしまうことになりかねない。

　表示ルールはどれがベストかというものはないが，全角・半角，株式会社などの会社種別の表記，また英字表記も併用する場合はそのルールも統一する必要がある。登記簿謄本上の記載に統一するというのも１つのやり方である。取引先新規登録の際に取引先から登記簿謄本の履歴事項全部証明書を提出してもらい，その表記を確認して取引先登録を行うという運用ルールも有効である。

3 重複登録取引先コードの最小化

　取引先名の名寄せであるが，これは作業としては取引先マスター上の取引先コードが同一の取引先であっても複数登録されているものの重複をできるだけ解消するということである。

　調達取引先コードなので，会社名の表記以外の属性のうち，支払口座と支払リードタイム（支払いサイト）に着目して**図表４-１**のように重複の種類を整理・分類すると重複の解消作業の進捗管理が容易になる。またこの分類は作業後，重複での管理が必要になった場合もその理由コードとして使用できる。

　１に関しては特に理由はないはずなので集約は可能，２に関しては取

第4章　サプライヤー・マネジメント　75

《図表 4 - 1》　重複取引先の分類

サプライヤーコードグループ	会社名表記	支払い先口座	支払サイト	理由・対応案
1	同一	同一	同一	事務手続き上の問題で複数登録になったと思われるので，登録者・取引先に連絡して統一
2	異なる	同一	同一	支社・営業所の違いから複数登録。口座が同じであればシステム運用でひとつにできるので，取引先と相談の上統一
3	同一	異なる	同一	現行の運用でも間違いが発生するリスクがあるため，なぜ異なる口座を使用しているかの調査が必要。以降は 4 と同様
4	異なる	異なる	同一	支社・営業所の違い等の理由から口座を分けている取引先管理の観点から同一口座にできないかを取引先と折衝
5	同一	同一	異なる	支払いサイトを取引先マスターで制御しているならサプライヤーコードも別管理が必要。ただし間違い防止のため取引先表記に工夫が必要
6	同一	異なる	異なる	5 と同じ
7	異なる	同一	異なる	5 と同じ
8	異なる	異なる	異なる	5 と同じ

引先側からみれば，違いがわからないので，社内の運用を確認することで集約が可能なはずである。3 に関しては発注オペレーションを調達で集中して実施するような場合には担当者では区別がつかないので，1 つにまとめるか，名称を別にする必要がある。というわけで 1 から 3 に分類される重複は比較的簡単に統合ができるはずである。4 以降は何らかの理由があって別登録になっていると思われるが，電子商取引を行う調達システムであれば，取引先側のユーザー管理の方法によっては同一の取引先コードを複数の営業部門で使用できる機能をもっているものが多く，その運用によって統一が可能となる。また支払いリードタイム（支払サイト）の違いから取引先コードを分けている場合も，調達システムによっては，品目によって標準支払リードタイムを設定する機能もあるので確認が必要である。調達目線で考えれば，取引先登録は 1 社 1 登録とすることがベストであるので，できるだけ重複登録をなくしていくという努力は続けるべきである。

4 新規取引先登録プロセスの構築

　新規取引先を受け入れるか否かには相反する2つの考え方がある。「新規取引先を開拓しないと新しいニーズに対応できないし，既存取引先だけでは大幅なコストダウンは望めない」という門戸開放型と「取引先数が増えすぎて管理できないし，同じようなものの購入先が複数ある」という登録制限型である。

　もちろん両方正しいわけで，要はどのようにバランスを取るかである。

　新規取引先登録に関する最終承認者は各社の調達部門の規定でさまざまであるが，調達部門長等，高い管理職の承認としているところが多い。新規に取引先として登録された会社とは今後，会社対会社として，長いお付き合いが始まるとして重要な判断であると考えている証であろう。取引先管理という観点からは，新規取引先だけではなく，取引先全数を管理していくことが必要であるという考えからは実質的には品目別のソーシングマネージャーが新規取引先登録の可否を判断するということが合理的である。安定供給と価格低減目標を達成することの責任者であるソーシングマネージャーが担当する品目の取引先数総量にも責任を持つという考え方である。

　新規取引先登録フローは一般的に2フェーズに分けて構築すべきである。

　登録の前には通常は見積を取得して，要求仕様を満たした物品・サービスの提供が可能かどうかの確認を行うわけで，その見積を取得するにあたっての仮登録プロセスと実際に取引を開始するための登録プロセスである。

　前段のフローを明示的にもたないと，結果的に取引先数が増えてしま

第4章　サプライヤー・マネジメント　77

うことも考えられるので，状況にあわせてフローを構築する必要がある。

　また，実際には新規取引先登録はそれだけ独立して実施されるプロセスではなく，取引先選定を実施する見積プロセスのなかで並行して行われる。

　この新規取引先仮登録プロセスと登録プロセス（契約締結プロセスを含む）の説明は，それぞれ章末の参考資料１，２に掲載している。

5 調達パターンの整理

　第3章の 5 の「支払いプロセスの集約」で支払いには注文書・請求書・社員立替の3種類があり，できるだけ注文書に寄せていくことが必要である事を説明した。ここでは，調達パターンの種類を整理することで注文書化を進めていく筋道を明らかにする。

1　現状分析と推奨パターンへの変更
2　物品注文とサービス注文の特徴

1　現状分析と推奨パターンへの変更

　間接材をどう購入するかの手順にはいくつかのパターンがあり，これを図表4-2にまとめた。

　Aグループ（A-1からA-5）は事前に調達部門が取引先選定を行い特定期間有効な契約が締結済みであり，個々の案件毎に取引先選定をすることなく，決められた取引先からの調達が可能になっている。Aグループにできるだけ寄せていくことが間接材調達の成熟度向上の目標となる。

《図表 4 - 2》　間接材調達パターン

No	購買パターン	取引先選定	金額決定時期	支払い金額	支払いの為の照合			物品	サービス
					注文書発行	受領・検収	請求書受領		
A-1	カタログ	調達部門	契約見積	固定	Yes	Yes	Yes	○	△
A-2	調達契約に基づく発注			固定					
A-3	調達契約に基づく発注＋注文変更			変動					○
A-4	調達契約に基づく請求書支払い			固定・変動	No	No		限定使用	
A-5	調達契約に基づく社員立替（コーポレートカード）			固定・変動	No	Yes	No	限定使用	
B-1	都度見積による発注		都度見積	固定	Yes		Yes	削減目標	
B-2	都度見積による発注＋注文変更			変動					
B-3	都度見積に基づく請求書支払い			固定・変動	No	No		限定使用	
E-1	請求書受領による支払い	要求者	検証困難	事前承認	No		No	限定使用	
E-2	社員立替精算（コーポレートカード）			事後精算		Yes	No		

　「A-1　カタログ」は調達システムで実現している場合が多い。事前に調達と取引先が商品と単価を決めておき，要求者が必要時に商品を選び数量を確定することで注文金額が確定する。取引先選定と金額その他の条件は事前に決まっているので，支出承認さえ取れれば調達での再承認を省いた自動発注が可能となる。

　A-1のサービスの欄が△になっているのは，サービス調達は一般的に，事前に取引先と単価を決めておいても，指定された納期または期間にそのサービスを提供できるかの確認が必要となるからである。

　またサービスは注文時に金額が確定する固定金額ではなく，出来高払いや残業精算（A-3，A-4）のパターンが多く，物品カタログと同じ仕組みで実現できるものは限られている。

　間接材調達のパッケージの中には，あらかじめ選定した取引先や単価をカタログと同じような形で登録でき，購入時には一方的に注文を出すのではなく，バイヤーと取引先間で納期の確認や詳細仕様の確認のコミュニケーションが取れるような機能を持っているものもある。これなどは，サービス品目のカタログと見なすことができる機能である。

「A-2　調達契約に基づく発注」は基本的には A-1　カタログと同じフローである。あらかじめ選定した取引先との間で合意した一定期間有効な価格リストを持っており，それに基づき繰り返し発注を行うものである。

A-1のカタログの使用者は広く一般ユーザーを対象にしているのに対し，A-2は使用ユーザーを限定しており，価格リストもそれほど多くないものを想定している。また前述のようにサービスカタログのような機能を持たないシステムの場合ではサービス（固定金額）の調達はこのパターンで行われている。

ここに関しても，価格リストを限定ユーザーにのみ開放するような機能を持つパッケージソフトもあり，前述のサービスカタログの使用も併せて，自動発注への展開の検討が可能なエリアである。

「A-3　調達契約に基づく発注＋注文変更」は，これまでの A-1，A-2 が発注時に金額が確定している固定金額のパターンであったのに対し，発注時には最終金額が確定しておらず，納入検収時までに金額が確定するパターンである。単価だけ決めておき，出来高で最終的な金額を確定するものや，工事や修理のように使用する部材等が発注時には不明のもの，また残業等の追加費用が発生する可能性があるものが対象となる。

基本的には基本工数に時間数をかけた基本金額やその他の方法で算出した金額で発注を行い，金額が確定した時点で注文変更により金額を変更するというのがオーソドックスなやり方である。

この注文変更の追加プロセスに手間がかかっていることが多い。支払いを注文書・受領・請求書の3点で突合していることを確認する三点照合で行っている場合，バイヤーが注文変更を行う前のタイミングで要求元による受入が行われたり，取引先が注文変更前の金額で請求書をあげてきたりすると，金額アンマッチとしてプロセスが中断する。バイヤーは原因を確認して，それを解消していかなければならなくなる。

時系列を気にしながらの作業で，かつ通常月末が納期となっているものが多く，支払いの締め日との関係でさらに負荷がかかっているところが多くみられる。

実はこの手間が，すなわち発注時に金額を確定できないことで発生する後工程の追加工数をきらうことが，サービス調達を注文書ではなく請求書で行うことを多くし，注文書率が低くなっている理由の1つになっている。つまり，A-3ではなく，A-4のパターンで処理されているものが多くなっているということである。

前述の調達パッケージにはこれらの出来高精算に対応する機能を持っているものもある。また，そもそも出来高支払いではなく，請負契約での固定金額で発注するという方法もある。やり方に関しては「2　物品注文とサービス注文の特徴」で，もう少し説明する。

いずれにせよ，サービス調達の注文書化は調達データの見える化とビジネスコントロール強化の観点から推進していかなければならない課題である。

これの阻害理由は後述するが，これ以外にもう1つある。ただ，事前に調達が取引先を選定しているA-4のパターンでは，できるだけ負荷を軽減するやり方を検討して，A-1，A-2，A-3に寄せて行く。

A-1，A-2，A-3で注文書を使うことの，請求書や社員立替に対しての優位性を整理しておく。

取引先選定と金額決定を調達が実施しているのは，AグループとBグループ全体になるためここでの権限分離は担保されているので，優位性は以下の2点になる。

1　支払いの確認が3点照合で行われることの確実性
2　発注中未検収のデータにより，買掛金の予測ができることも含めた

> 見える化の優位性

　商習慣上，注文書を受け付けず請求書のみの対応となるケースもある。あるソフトウェアライセンス会社では使用許諾書の締結により，支払いが発生するので，注文書を発行されると2重注文となるとの理由で注文書を受け付けないという例もある。

　商習慣上の問題であるので，時代でこれも変遷する。電子商取引が増えてきている現在，自社の間接材調達金額管理の理由から，できるだけ注文書化を進めていくというスタンスで取引先と調整していくことが望ましい。

　A-4の物品での適用に関して表では「限定使用」とした。これは物品調達の場合，取引先と金額が事前に決まっていれば，注文書を出さずに請求書で払わざるを得ない場合はかなり特別な状況だけであるとの理由による。

　「A-5　調達契約に基づく請求書払い」は調達が選定した取引先との契約時に決済方法を注文書ではなく社員立替，主にコーポレートカードでの決済を条件とした場合に適用される。

　例としては，出張時の航空券や宿泊費の支払いや図書購入，社用車のガソリン購入等，注文書のパターンにすると手間がかかり，業務そのものに支障をきたすようなものである。

　コーポレートカードでの決済を義務づけることで，1）契約単価適用の保証　2）カード会社から提供される支出データによる分析　3）会社へのポイントの還元　というメリットが増える。A-4で請求書処理を行っているもので，適用可能なものをA-5に移行させることを検討してみると良い。

　「B-1　都度見積による発注」と「B-2　都度見積による発注＋注文変更」，「B-3　都度見積に基づく請求書支払い」はそれぞれA-2，A-

３，Ａ-４に対応している。都度見積による社員立替は現実には起こりえないパターンなので割愛している。

これらはビジネスコントロールの強度の観点では同一レベルである。

違いは戦略ソーシングの進み具合である。戦略ソーシングとは事前に最適な取引先と取引条件を決めておくことであり，都度見積案件の件数をできるだけ減らしていくことと同義である。

さまざまなものを購入していく間接材調達では都度見積のパターンがなくなることはないが，いかに削減していくかが課題となる。

「Ｅ-１　請求書受領による支払い」と「Ｅ-２　社員立替精算（コーポレートカード）」は調達を介さず，要求元（購入者）が直接取引先を選定し，値段を確認して購入を決定し，支払いにつなげるものである。

間接材調達を強化していくにはこのパターンをできるだけ少なくすることが必要である。

最終的には調達が関与する必要がない，要求元による購入可能品目の規定を作成する。具体的には１）適用品目　２）金額上限　３）支出承認プロセスに関する規定が必要となる。またその際には緊急時，調達を通すことができない場合の規定も併せて作成しておくと良い。

前述のサービス調達の注文化が進まないもう１つの理由がここにある。調達が関与するプロセスでは事前に見積りを取得する必要があり，そのためには仕様書を要求元が記述しなくてはならない。しかし，要求元が調達を介さずに，取引先選定を行っている場合はこの仕様書の事前の文書化は行われていない場合が多いのである。

仕様の文書化には時間が掛かることが理由かもしれないし，また，どのようなフォームでどのような項目を網羅すればよいのかが分からないというのが理由かもしれない。

懇意な取引先があれば，口頭で必要なものを説明し，それを元に取引

先が仕様書を含めて，見積書を提出してくれるのかもしれない。

　いずれにせよ，調達通過が必要な品目に対しては，取引先側ではなく，購入側である要求元が仕様書を書くというプロセスを確立する必要がある。

　6 「見積仕様書の種類」で標準的な仕様書の内容を説明するが，その前に物品調達とサービス調達の注文書形式の違いを説明し，仕様書が異なる3つのパターンを整理しておきたい。

2　物品注文とサービス注文の特徴

　第3章の 4 の「3　サービス調達の取り込み」で説明したが，物品調達との違いの1つとして「成果物として受領できる場合とサービスの提供を受けるものがある」という特徴がある。

　サービスを注文書化するにあたっては，この特徴を考慮して，

---

　(1)　成果物の有無
　(2)　納期と期間
　(3)　分納の有無

の3点で整理する必要がある。

(1)　成果物の有無

　請求書精算を行っているサービス調達では成果物という取り決めをしないで運用しているものが多くある。作業やサービスの実施の終了を買い手側が確認するという手順を持たず，請求書を受領してこれに同意することで終了を確認するという運用である。注文書形式では請求書受領とは別に受領・検収でサービスの終了を明示的に確認する必要がある。

実際に成果物がないものであっても，取引先に「作業報告書」や「作業完了報告書」を作業やサービスの終了時に提出してもらうことにする。これを成果物と見なすことで，物品と同じプロセスで受領・検収・支払を実施することができる。

報告書の内容は必要によって記述内容のレベルを決定すればよい。

終了を確認できればいいだけであれば，「納品書兼作業報告書」という表記にする運用でもよい。

(2) 納期と期間

物品に関しては受領納期だけの指定だけでよいが，サービスの場合は作業時間やサービス提供期間といった時間（期間）を明示する必要がある場合が多い。発注システムでは期間の指定ができるものは少ないが，品名等の欄に期間を明示したりする考慮が必要となる。

サービス調達におけるプロセスコンプライアンス（調達規定の順守率）をみるためには，このサービス期間（作業期間）の開始日を使う。

見積依頼日や発注日が作業開始日よりも後であれば，プロセス違反であるし，また作業規模に応じて，適当な作業期間があるとの観点からの確認にも使用できる。

(3) 分納の有無

分納（納品を複数回に分ける：分割納入）ができるか否かは，納品物の単位を「一式」とせざるを得ないのか，時間や日，または回数のような単位の使用が可能かとの違いで整理できる。

「一式」の単位は物品調達にもある。特に複数の商品をまとめて購入する場合や，特注品等の購入の際に使われている。前者は購入自体を分割できるものである。価格の妥当性の検証のために，見積で個々の単価を明らかにし，また注文書上も１注文であっても複数明細項目の形式で分

割する事で「一式」ではない単位とすることができる。

　後者の特注品のように，購入自体を分割できない「一式」がサービス調達での「一式」と同じものである。

　この項の説明の趣旨からは外れるが，この「一式」の場合の「価格の妥当性」を検証するのは，バイヤーのスキルの成熟度にかかっている。

　価格構成を解析し，大きな部分を占めているところから分析していくやり方が王道である。サービスで役務系の場合はまず人件費に着目する。商品の付加価値が大きいものは，通常このような分解分析はできない場合が多く，その場合は代替として類似商品との価格分析となる。

　さて，分納であるがサービス調達の場合であっても時間等の単位での注文であれば，分納が可能となるものもある。最初に概算時間で発注しておき，納入時には実績時間での受領・検収を行うのである。

　これにより，先に説明した「発注＋注文変更」をより負荷のかからない方法での運用に変更できる。

　ただし，時間精算の場合には通常業務時間単価と残業・深夜・休日の場合の時間単価に差があることがあり，その場合は複数の項目で管理することになってしまう。また初期の発注時間を超える場合には追加注文しなければならない。

　さらには取引先に対し発注時間が最大時間として見られることで作業生産性の向上が望めなくなるという懸念からこの形での発注形式をとっていないところも多い。

　前述の調達パッケージには，複数の精算単価を持つものの発注や実際の発注時に提示する時間と金額とは別に，それを超えた場合の上限限度金額を指定できる機能を持ったものが出てきつつある。

　このような機能を持っていなくても，複数の精算単価がある場合に関しては，数量×単価＝金額のところ単価を1とすることで，（金額＝数量）×1＝金額の形で注文書にすることでこれを実現している調達部門

もある。

　これでは個別の単価と時間の検証はシステム外で行う事にはなるので，代替案ではあるが，１つのアイデアとして紹介しておく。

　この項では物品調達とサービス調達と注文書方式で行う場合の考慮点を整理した。

　仕様書のフォームの基本の種類としては，まずすべての種類で成果物を規定するとした上で，期間のあるなしで物品とサービスを分け，分納が可能か否かの観点でサービスを成果物で調達する場合と人月工数で調達する場合の３種類となる。

　次項ではこれらの３種類の仕様書に最低限必要な見積項目を説明していく。

6 見積仕様書の種類

　ここでは，品目の大きな３分類である物品（商品・ライセンス），サービス（成果物），サービス（人）ごとに，以下の４つの観点での仕様項目について整理する。

　１　購入品・サービス内容の特定
　２　納入条件・サービス提供条件の特定
　３　支払い条件の特定
　４　回答項目の指定

　これらは，取引先に対して，「何を」（１），「どんな条件」（２，３）で購入したいので，「この項目を回答してほしい」（４）と依頼する際のものであり，見積仕様書の基本構成になる。

第4章　サプライヤー・マネジメント　87

　仕様項目のそれぞれをどれぐらい詳細に記述するかは，見積依頼の金額規模や品目の状況さらには見積取得の理由によってまちまちである。

　また，見積条件（2，3）のなかには，見積仕様書で個別に指定するよりも，別途基本契約書に取引基本条件として締結したほうが良い項目もある。

　以下で紹介する仕様書項目を参考とされ，必要な関連項目を追加していく形で，各社の状況にあった見積仕様書を作っていただきたい。

　支出金額が大きく，見積頻度が高いものに関しては，あらかじめ仕様項目と選択肢を定型見積仕様書フォームとして，社内展開しておき，要求元が仕様書作成時に利用できるような仕組みを用意すると効果的である。

　見積仕様書に関しては，「第4章　参考資料3　競合評価フロー」でプロセスの流れのなかでの取扱いを説明しているので，本項と合わせて参照いただきたい。

1　購入品・サービス内容の特定

《図表4-3》　購入品・サービス内容の特定

見積仕様項目分類	購入品・サービス内容の特定			
	品名 成果物 納品物	メーカー名 型番	スキルレベル	作業内容 サービス内容
1　物品（商品・ライセンス）	○	△	×	×
2　サービス（成果物）	○	×	×	○
3　サービス（人）	○	×	○	×

○：必須　△：オプション　×：不要

　物品であれサービスであれ，なにを購入するための見積依頼であるかを記述するのが第一項目である。

物品は，そのままの形で購入できる商品やソフトウェアライセンスなど，メーカー名や商品名を指定すれば，購入品を特定できるものであれば，それらを記載するだけで十分である。

サービスは成果物としてそれを購入するか，またはそのサービスを実施できるスキルを持った人の作業として契約するかで仕様書の内容は大きく異なる。

この2つは完全に一致するわけではないが，完成責任を持つ請負契約として固定金額で発注するかと，時間単価を決めた準委任契約として変動金額（出来高金額）で発注するかにほぼ対応しているとして運用できる。追記するが，成果物購入であっても固定金額ではなく，成果報酬の考えを取り入れた変動金額の発注形式はあるし，月額単価を決めて時間変動の限度幅を設ける固定金額発注もある。

請負契約のもとで成果物の納入を固定金額で発注する場合は，追加金額が発生しないというメリットがあるが，買う側にその金額が妥当であるかを分析し，判断できる知識と成熟度が必要となる。

サービスの成果物では，まさにそのものの価値を判断できる情報がないことが多い。価格構成の内訳で大きな部分を占めるものを分析することになるが，人件費（労務費）を使う事が一般的である。その場合，発注は成果物単位で行うが，見積回答項目の内訳として，取引先から人月単価の提供を求め，価格の分析に使用する。

準委任契約のもとで時間単価を決め時間精算を行う発注の場合は，先に説明したように発注後にどのようにして金額を変更するかの追加工数の問題ばかりでなく，作業時間をどう管理していくかの問題がある。これが想定よりも増えてしまうと，単価の削減ができても結果的には支出金額が増えてしまうという結果にもなりかねない。

この管理は要求部門と主管部門（第6章の 4 「主管部門制度の導入」）で

第4章　サプライヤー・マネジメント　89

行うのであるが，調達部門としては，状況に合わせて固定金額にするか変動金額にするかを提案することで全体最適に貢献していくことになる。

　間接材調達なので基本的には製造委託で作成する物品は含まれない。仮に多少の加工や修正を加えるような物品の購入があるとすれば，それはサービス（成果物）の場合に準じて仕様書を作成する。完成品（成果物）の説明を作業内容・サービス内容として追加記述する。

　サービスを成果物ではなく人の作業量として発注する場合はそのスキルレベルの定義をどのようにするかを決めておくことが重要である。

　バイヤーが指定しないと取引先は各社各様のスキルレベル定義を使って見積りを作成しているはずである。それらをベースに自社でのスキルレベル定義を作成し，今後は自社の定義に従った見積を作成してくれるよう取引先へ依頼する。取引先別の定義での人月単価（時間単価）を使うのではなく，自社の定義に基づく回答にそろえることがポイントである。

　仕様書上には今回必要なスキルレベルとその定義を明確にして提示する。

2　納入条件・サービス提供条件の特定

《図表4-4》　納入条件・サービス提供条件の特定

	見積仕様項目分類	納入条件・サービス提供条件の特定								
		数量単位	数量	固定（確定）変動（予定）	納期	開始日	終了日	納入場所作業場所	検収期間	保証期間瑕疵担保期間
1	物品（商品・ライセンス）	○	○	○	○	×	×	○	△	△
2	サービス（成果物）	○	○	○	○	○	○	○	△	△
3	サービス（人）	○	○	○	○	○	○	○	△	△

○：必須　△：オプション　×：不要

　数量単位は個・時間・日・月・セット等，購入品目を数える単位である。

先に述べた固定金額での成果物であれば基本的に「一式」または「セット」となる。

固定（確定）または変動（予定）欄では提示した数量が確定数量なのか，予定数量なのかを選択する。要求元の購入要求に基づく見積依頼であれば，通常は固定（確定）である。年間需要予測での購入金額を見積場合などは，提示数量が買い取りを確約するものでなければ，変動（予測）を選択する。変動（予測）の場合はその数量の取扱いについての説明を付け加える。

納入場所・作業場所に関しては，輸送費や交通費が別途発生するか否かの曖昧さを避けるために記載が必要である。

検収期間・保障期間は通常取引ごとに変動するものではないので，基本契約で定めている場合は割愛できる。

また，見積品目が複数ある場合は内容項目と条件項目を表形式でまとめて表示するほうがよい。さらに取引先が記入する回答金額の列を加え，スプレッドシートでやり取りをできるようにすると分析時に便利である。

3　支払い条件の特定

《図表4-5》　支払い条件の特定

見積仕様項目分類		支払い条件の特定	
		支払サイクル（毎月/四半期/納入ごと/その他）	支払リードタイム
1	物品（商品・ライセンス）	○	△
2	サービス（成果物）	○	△
3	サービス（人）	○	△

○：必須　△：オプション

支払いのタイミングを特定する。物品や成果物の場合は通常，納入・検収ベースでの支払いとすることが一般的である。ただし，中間成果物

がある場合は，その時点での支払いをするか，最終成果物の納品を待って支払いとするかは状況によって選択する。

また，サービスで成果物がない場合は毎月もしくは四半期ごとの支払サイクルにしているところが多いが，その場合にはそれに合わせて作業報告書を受領して支払いにつなげる運用となる。

支払いリードタイムを基本契約で決めている場合は仕様書では割愛できる。

4 回答項目の指定

《図表4-6》 回答項目の指定

見積仕様項目分類		回答項目に関する指定		
		単価	総額	内訳
1	物品（商品・ライセンス）	○	△	△
2	サービス（成果物）	×	○	△
3	サービス（人）	○	○	△

○：必須　△：オプション　×：不要

見積回答項目は取引先の誤解や回答漏れを避けるために仕様書で明示する。

最低限必要な回答項目は単価と総額であるが，価格分析のためには，単価と総額以外にも内訳の情報提供を依頼する必要がある。必要な内訳の情報も回答欄を設けて取引先に記入してもらう形にすると曖昧さが減り，分析や情報の蓄積が容易になる。

調達パッケージソフトでは単価・数量・金額はデータ項目として取り扱われ，それ以外の情報は添付資料として見積案件に紐づけられた形で保存できる機能を持っているものが多い。

7 取引先の層別化（Supplier Segmentation）の考え方と進め方

　取引先の層別化とは登録取引先をいくつかのカテゴリーに分けて管理することであるが，分類自体が目的ではなく，１）差別化による集約と２）登録取引先の総数管理を見える化により実現させるための施策である。

　取引先の層別は主要品目ごとで実施する。品目階層でいえば，採用している階層構造にもよるが，一般に第２階層レベルでのグループでの層別管理が妥当であろう。あくまでも目的はソーシング戦略の立案にあるので，そのグループで管理ができるかどうかが目安になる。

　品目ごとの層別ではあるが，間接材の全品目に対して取引先の層別を行う必要はない。品目別の支出金額で上位を占める品目や自社のインフラや将来のビジネス基盤に影響を与えるような品目に絞って層別化を行う。すなわち言い換えれば，それらの間接材品目に対しソーシング戦略を立案して行くことになる。

　したがって，複数の品目で取引がある取引先は場合によっては品目ごとに異なるカテゴリーに区分されることはある。

　層別の最上位分類である主要取引先に対する施策を実施する場合，その施策の性質により品目別で実施するか，全体で実施するかは異なる。全体で行う場合は，それらの主要取引先は全社視点で見た場合の間接材主要取引先グループと見られることになる。層別の決定は品目別で実施するのであるが，全体でみたときのバランスも考慮しておく必要がある。

　１）の差分化による集約化はもちろん取引先戦略の要である。全社最適の取引先を選定し，そこに全社の支出を集約させることによって，更によりよい条件での調達を可能とする。それこそが取引先戦略そのもので

あるが，同時にそれをある一定期間で見直しをかけていく仕組みを構築しておかなければならない。集約の対象である主要取引先群とそれに準ずる取引先群に分けた施策を展開する。

また2）の登録取引先総数管理であるが，新規取引先登録の管理は行っていても取引先の登録抹消の規定を持ち，それを厳密に実施しているところは少ない。

いったん登録するとたとえ取引がなくなっても，また再開する可能性とそうなった場合の手間を考えてしまい，なかなか手がつけられなくなり，結果として，取引先マスターの数は増大するままになっているのが多くの場合の現実である。

実際には契約に契約終了後も守らなければならない残存条項がある場合やその他の事情によって，取引先マスターの削除自体には問題がある場合がある。対応としてはシステム上からの削除は行わないとしても，少なくとも一定期間取引がない取引先に対しては，取引先マスターにフラグを立てる等で運用を区別することは必要である。

集約化を進めるためにも取引先数の絞込みは必要である。需要量からみた適正取引先数を推測し，削減目標を立てて管理することも効果的である。

取引先数が過剰であると，管理コストも増大する。調達発信の連絡や依頼事項の徹底ばかりでなく，状況の変化で基本契約の条項を改定した際の契約再締結にかかるワークロードは無視できない。

また最近では，機密情報・個人情報・ITセキュリティ・SNSに関連するリスクが増大してきている。新規取引先登録手続きだけでなく，取引先抹消手続きの整備と実施が不十分であれば，その対応は急務である。

取引先層別の基本モデルを以下に紹介する。運用にあたっては各社の取引先数や品目の状況をふまえて追加・修正をしていただきたい。

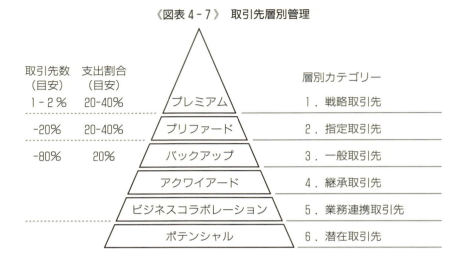

《図表4-7》 取引先層別管理

1 戦略取引先（プレミアムコア　サプライヤー）

・自社の品目別調達戦略の中で核となる取引先群で品目別支出額ランクでも上位を占める取引先群。
・品質・技術・価格・納期対応の項目評価でもトップのランクに位置する。
・集約化施策→より競争力のある価格での契約→他社との優位差の拡大→集約化拡大のサイクルを回しWin-Win関係を実現する。
・取引先側からでる改善提案を採用する仕組みを構築し，価格低減だけではなく生産性の改善等の施策を取り入れる。
・上位マネージメント間での定期的な会議体を持ち，需要の動向や新しい購入要求に関する情報交換を行い，長期につながる強い関係を構築する。
・集約化施策だけではなく，数年後のあるべき買い方の変革等にチャレンジできるような関係を構築する。

・取引先評価（後述）を行い，結果を取引先へフィードバックし，改善が必要な項目があればアクションプランを実施する。

・取引先満足度サーベイを実施し，施策が一方的でないかを確認する。

・戦略取引先の選定・見直しのサイクルは品目ごとの状況を考慮し，品目ソーシングマネージャーが期間は定める。

・選定方法は競合評価（価格だけではなく他の評価項目を事前にきめておき，総合点で判断する）で行う。既存の戦略取引先だけではなく，他の層別群や市場の状況によっては新規取引先も候補とする。評価項目のひとつとして，取引先評価の結果を使うこともある。

・価格の見直しは主要取引先の見直しのサイクルとは別に状況・市場を判断してソーシングマネージャーが定める。

2 指定取引先（プリファード サプライヤー）

指定取引先のランクは主要取引先とどう差別化させるかの意図を持って，その定義をきめる。

・戦略取引先に準ずる取引先群。

・品目のなかの限定領域に対し選定された取引先。

・品目内ではトップサプライヤーであるが該当品目の支出総額があまり多くないもの。

3 一般取引先（バックアップ サプライヤー）

・戦略・指定取引先ではカバーしきれない物品・サービスの取引先。

・ソーシング戦略が行われていない品目での取引先。

4 継承取引先（アクワイアード サプライヤー）

・企業買収・統合または子会社・関連会社の集中購買化により一時的にサプライヤーベースが増え，まだ層別ができていない取引先群。

・一定期間後には層別を終了させ，4以外のカテゴリーに分類される暫定運用。

5 業務連携取引先（ビジネスコラボレーション）

・調達によるソーシング以外の理由で選定された取引先群。

・1から4の理由があればそちらに分類する。

・このカテゴリーの取引先に対する施策は各社の事情に合わせて運用すべきである。調達施策との間で調整が必要となったときのために選定を行ったもしくは選定を依頼した調達部門以外の責任者（オーナー）を明確にしておいたほうがよい。

6 潜在取引先（ポテンシャル　サプライヤー）

・取引先登録がされていない取引先群。

・見積依頼中等，市場調査により将来登録の可能性がある取引先群。

・一定期間，取引がないためにインアクティブとした取引先群。取引を再開する場合は，取引先登録に準ずる承認，ならびにその間に必要な契約，もしく基本契約文言や条件に変更がある場合もあるので，その確認と必要であれば追加契約の締結を行う。

　以上が層別化の各レベルの説明である。戦略取引先と指定取引先は集約化を進めるために使用し，それ以外は取引先数の総数管理のために使用していくものである。

　したがって，実際に層別を進めていくには，まず集約先となる戦略取引先と指定取引先を決めることから始めることになる。層別を行う事が初めてで，この2つの運用も明確でないのであれば，この2つを主要取引先とまとめて，これを選出してもよい。戦略か指定かは，どのような形で集約化を進めていくかの違いであるので，実際に運用後，支出金額

第4章　サプライヤー・マネジメント　97

の規模や集約度合いを見ながら定義していくことも実践的である。

　上位の層別が終われば，残りの取引先はいったん，一般取引先と定義する。その後継承取引先と業務連携取引先にフラグを立てる形で層別できれば層別化は終了となる。

　集約化を進めていくための，戦略取引先と指定取引先であるので，その選出にあたっては競合評価の手法を使うのが一般的である。

　品目ごとに集約対象を選定する競合評価を実施して，その結果として戦略取引先や指定取引先を決定する。それ以外を一般取引先とするという進め方である。

　ただし，これは対象品目に対する戦略ソーシングを実施する事と同義であり，間接材調達への集約を始めたばかりの段階では展開のハードルはかなり高いものになると思われる。

　そこで，共通の評価項目を決めたうえで調達部門だけでなく，要求部門を評価者とする取引先評価を実施して仮層別を行うことを先に進めると効果的である。

　特に調達部門へのソーシングの移行の過渡期は，バイヤー自身の取引先に対する知識・知見が限定的であり，要求部門との間で評価のギャップが大きくなることがある。この取引先評価を進めることで，バイヤーは担当品目の取引先マップを作成することになる。サプライヤー・マネジメントのスキル向上につながるばかりでなく，要求部門との評価差を明確にすることでユーザー・マネジメント強化にもつながる。

　戦略ソーシングの実施が難しいので取引先評価を先行実施すると書いたが，取引先評価の気づきが戦略ソーシングへの突破口となることもある。

　3以下に層別された取引先に関しては，集約化が進んだ後での取引先総数の適正化を実施することになる。前述したように，取引先抹消手続きを整備し，ルールに従って取引先数を適定数に近づけていくことは，

時間がかかるかもしれないが，大切である。

集約化の目標を数値化して担当バイヤーに割り当てるのと同様に品目ごとの適正数を目標として管理していくことも考えられる。

8 取引先評価の考え方と進め方

取引先評価は評価対象取引先・評価項目・評価者をあらかじめ決めておき，定期的に評価を実施し，その結果をサプライヤー・マネジメントに利用するという施策である。

評価結果は，前項で説明した取引先層別における競合評価の前段階での仮層別のように，競合評価の一部として使うことができる。

実際の取引で問題をおこしている場合なども，取引先評価の点数に取り込まれていれば，実績を考慮した取引先選定が可能となる。

また，評価結果を取引先にフィードバックし，改善項目を伝えることで，取引先品質の向上につなげるという施策に展開することもできる。

評価にはワークロードがかかるため，取引先層別を初めて実施する場合はある程度の支出金額がある取引先を広く含めて実施する必要はあるが，一旦，層別ができたら定期的に取引先評価を実施するのは，戦略取引先・指定取引先に限定する。主要取引先・指定取引先再選定の際に次回の候補取引先を加えて実施するというやり方が現実的である。

評価者は基本的に担当バイヤーとその取引先からの購入実績がある要求元社員になる。発注実績のデータから要求元を選出することになるが，システム上にある要求者が代行入力者である場合もあるので，該当の取引先を正しく評価できる要求元を慎重に選出する。

また，評価者に取引先を加えてみるのも面白い。取引先の自己評価と取引先評価とのギャップから発見できるものもあるはずである。

評価項目に関しては，取引先へのフィードバックの観点からは，時間

による評価点の推移を見るため，できるだけ同じものを使い続けたほうがよい。

　また，評価者である要求元の負担を減らすためにも，評価項目は絞り，実施頻度を考慮する必要がある。

　ただし，層別化を初めて行う場合には詳細な評価項目で実施するほうが望ましいので層別化の実施前後で運用を分ける。

　評価項目は，基本的にQ：品質とD：納入に関するものからなる。C：に関しては実際の価格で評価すべきであるので，ここでの評価項目からは除いてもよい。

　以下が代表的な評価項目である。

1　取引先の品質・技術に対する評価
2　取引先の納期遵守に対する評価
3　追加依頼をした場合の対応力に対する評価
4　取引先担当者のコミュニケーション力に対する評価
5　取引先のインテグリティに対する取組みに対する評価
6　取引先のセキュリティに対する取組みに対する評価
7　取引先からの改善提案に対する積極性（提案回数）に対する評価
8　弊社に対する理解度に対する評価
9　取引先との継続取引に対する希望度合い

　評価は点数化する。評価自体は評価者の主観となるものがほとんどであるが，評価者を対象取引先との関わりがあった人を多く選定することで，平均値と継続データの蓄積で意味のあるものになる。

　著者の経験であるが，始めた当初は迷惑がっていたり，無反応であった取引先が多かったが，継続してフィードバックを実施していくにつれ，ほとんどの取引先が「自社の改善活動に結び付けている」「時系列のデータはとても有用である」等の好意的な意見に変わっていった。

9 競合評価の考え方と進め方

　複数の取引候補会社に対して見積依頼を発行して，複数社からの見積書または提案書を入手し，それらを吟味して取引先と価格およびその他の条件を決めるという手法は昔からある典型的な価格低減手法であり，最良の取引先選定の変わらない手法のひとつである。最近では調達システムを使ったリバースオークションというやり方もあるが，考え方は共通である。

　用語に関しては，競合評価（Competitive Evaluation）が価格とそれ以外の評価項目で選定するのに対し，競合見積（Competitive Bidding）は価格だけで選定するという違いがある。また RFQ（Request For Quotation：見積依頼），RFP（Request For Proposal：提案依頼），RFI（Request For Information：参考見積）と 3 種を使いわけることがある。RFI は発注・契約を前提としない情報提供（価格を含む）なので区別できるが，RFQ と RFP は提出されるものが見積書と提案書ということで，明確な区分はない。本書では見積依頼（RFQ）と表記するが，提出される見積書には取引先から提案も含まれるという意味であり，RFP との違いはない。

　競合評価はその起点，すなわち競合評価を始めようとする要求者が，要求元であるか，調達自身かで大きくその性質が変わる。

　詳細は「第5章　調達部門の組織編制」で説明するが，強い間接材調達部門を作るためには，調達起点での戦略ソーシングをいかに計画的に実施するかにかかっている。購入要求起点での競合評価では，どうしても時間の制約が大きく，十分な戦略に基づくソーシングが難しくなることがある。受身ではなく，調達主導の戦略展開が必要である。

　調達データを品目別に分類し，その品目の購入先の取引先の顔ぶれを

第4章　サプライヤー・マネジメント　　*101*

見て，それをあるべき形に変革させるための「仮説」を立てることが品
目別ソーシング戦略である。それを実証するための手法のひとつが競合
評価である。

　章末に戦略ソーシングとして実施する競合評価のフローとその考え方
を参考資料として掲載した。

参考資料1：新規取引先仮登録フロー
参考資料2：新規取引先登録＆契約締結フロー
参考資料3：競合評価フロー

参考資料1　新規取引先仮登録フロー

新規取引先仮登録フロー（新規取引先を見積先として登録するフロー）

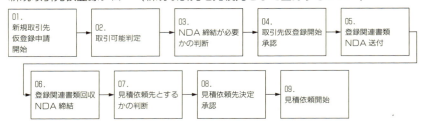

新規取引先登録フローは一般的に2フェーズに分けて構築すべきである。

登録の前にはまずは見積りを取得してみなければならず、その見積りを取得するにあたっての仮登録プロセスと実際に取引を開始するための登録プロセスである。

01　新規取引先仮登録申請開始

競合見積り、一社見積りにかかわらず、見積依頼先候補取引先が取引先マスターにない場合に申請を開始する。

02　取引可能判定

申請された会社とのコンタクト自体がゆるされているかの確認。反社会的勢力でないかのチェック。また米国輸出管理規制違反者リストの確認。これは外資系では必須、それ以外は輸出に関係する会社にのみ確認するという形をとっているところが多い。自社で取引禁止リスト等のDBを持っている場合はこれらに該当していないかを確認する。どの項目に対しどのようなやり方で行うかは会社ごとに異なっており、法務部門と相談のうえ、手続きを決定する。

第 4 章　サプライヤー・マネジメント　　*103*

03　NDA 締結が必要かの判断

　見積依頼内容に自社の機密情報が含まれる場合は見積依頼開始前に機密保持契約（NDA）の締結が必要となる。間接材調達であるので，該当品目自体が機密であるということよりも，その背景等が機密である場合が想定される。

04　取引先仮登録開始承認

　関連書類を送付する前の承認取得。この時点では新規登録を承認するわけではないので重い承認プロセスは必要ないはずである。ただ，登録関連の書類や NDA 契約書を送付するので，取引開始の意思は伝わることになるという点での承認と考えていただきたい。取引先数を厳格に制御するという方針がある場合や03で機密を開示する場合のみに承認プロセスを追加するということでもよい。

05　登録関連書類・NDA 送付

　仮登録の段階であるので本登録で必要な書類（後述）のうち限定のものと機密保持契約のドラフトを送付。

06　登録関連書類回収・NDA 締結
07　見積依頼先とするかの判断

　回収した登録関連書類の内容を確認し，会社として必須とする条件をクリアしているかの確認を行う。見積時に機密情報を開示するということで NDA の締結を依頼している場合は，何らかの理由で契約の締結ができない時，それ以外の必須とする条件に満たないものがある時は原則，見積依頼を実施しない判断を行う。例外を認める場合は，それによるリスクを明示し，リスク受容を承認するというフローを別途設ける必要がある。

08　見積依頼先決定承認
09　見積依頼開始

　08以降は見積りのプロセスフローである。見積依頼先が複数である競合見積りや競合評価を実施する場合は参加取引先間の公平性を保つために，新規取引先に関してはここまでの仮登録プロセスを事前に行っておき，見積開始のタイミングを合わせる必要がある。

参考資料2　新規取引先登録＆契約締結フロー

新規取引先登録＆契約締結フロー

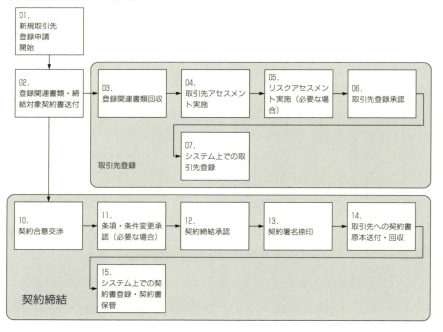

●取引先登録フロー

01　新規取引先登録申請開始

　後段の実際の取引開始に先立つ新規取引先登録には取引登録自体と契約締結の2つのフローがあり，時間短縮の観点からこの2つは並行して進めていくほうが効率的である。開始時期は見積依頼後どのタイミングでもよいが，見積結果で採用の可能性が高くなった頃が妥当であろう。あまり早く折衝を始めて，結果的に取引を開始できない結果になってしまうとワークロードの問題もあるが，その取引先に対し失礼なことになってしまう恐れがある。終了は見積結果で採用と決まるまでには終えることが必須である。言い換えれば，新規取引先登録ならびに必要な契約締結が見積採用の条件の1つであると言える。

02　登録関連書類・締結対象契約書送付

　登録に必要な書類一式ならびに取引を行うにあたって締結が必要な契約書一式を取引先へ送付する。

　取引先が書類を用意するためにかかるリードタイムだけでなく，契約締結にはオリジナルの契約文言で折り合いがつかない場合は条文・条件に対する交渉時間や両社の法務部門の承認レビュー時間がかかる場合も発生する。バイヤーは発注までのタイムスケジュールを明確にすると同時に取引先ともスケジュールを共有していくことを心がけたい。

　少なくとも，送付時に登録関連書類の回答希望日と契約書内容に関しての合意または代替文言の回答希望日を明記し取引先の合意を得ておくことは必要である。

　取引先に提出いただく書類は会社ごとに異なっているが，以下のモデル書類は一般に使用されているうち，かなりの部分を網羅しており，会社によっては必須にしていないものも含まれている。

> ・会社概要（Supplier Questionnaires：記入項目と質問項目をあらかじ
>   め決めておき，回答を記入いただくもの）
> ・登記簿謄本または履歴事項全部証明書
> ・決算書・有価証券報告書
> ・過去 3 年の貸借対照表・損益計算書
> ・会社案内
> ・銀行口座振込依頼書
> ・EDI 関連書類（電子商取引を行う場合）
> ・印鑑証明

　会社概要に関しては書類での提出ではなく，調達システムにこの機能
を持たせ，取引先に自社のプロファイル管理として適時，登録内容を更
新できるようにし，情報の陳腐化を防ぐようにしているところもある。

　会社概要の質問項目モデルは以下のとおりである。このうちビジネス
コントロールに関する質問に関してはフリーフォームで取引先に自由に
回答してもらってもよいが，特定の項目や特定の資格等を確認する必要
があれば，詳細に質問内容を記載しておくと，取引先評価情報として活
用できる。またこれらのなかで取引先登録の必須要件があれば，それら
は取引先アセスメントでの判断基準とする。
・会社情報
　　社名（和文商号・英文商号）
　　本社所在地・電話番号・FAX 番号・会社ホームページアドレス
　　会社設立年月日・法人登記簿謄本登記番号
　　総従業員数（正社員数・正社員以外の従業員数）
　　マネージメント名（役職・氏名・生年）
・ビジネスコントロール関連の質問

- 会社所有に関する質問（個人・法人・親会社・ホールディング会社・政府　等）
- 企業倫理に関する質問
- 海外展開に関する質問
- 輸出入管理の取組みに関する質問
- 安全・環境の取組みに関する質問
- 事業継続計画（BCP）の取組みに関する質問
- 情報セキュリティ・個人情報保護の取組みに関する質問
- 企業の社会的責任（CSR）の取組みに関する質問
- ダイバーシティに関する質問
  （取引先が該当する場合に回答を依頼：ここでの記載情報はダイバーシティ取引先をソーシングする際に使用する）

03　登録関連書類回収

提出された書類に不備がないかを確認し，必要であれば訂正・再提出をもとめる。

04　取引先アセスメント実施

新規の取引先と取引を始めるにあたっての取引先に対する要件項目と基準は各社各様であるが，提出された書類の記載内容や調査結果に基づき，アセスメントを実施する。すべての要件で基準をみたしていれば，06に進む。

基準に満たない項目があるが，なんらかの理由で登録が必要である場合はそのリスクが受容可能かを判断するために05に進む。

05　リスクアセスメント実施（必要な場合）

新規取引先登録要件と基準値を決める際には，それが必須要件である

のか，また条件をつければ，登録を認める運用とするかを決めておくことが合理的である。品質を高め，リスクを回避する観点からはハードルは高くしておくに越したことはないが，現実的には取引を開始せざるを得ないことは多々あるのが実情である。

この点を明確にし，リスクアセスメント結果を文書として残しておくことは大切である。

リスクアセスメントを厳格に行うためには，そもそもリスクアセスメント自体が不可であり，それに該当した場合は取引を行えないという明確なラインを持つことが大切である。法律要件により取引禁止の場合等は必須とすべきであるが，それ以外にも会社によって，取引ができないという要件や，契約条件のなかで譲れない文言・条件があり，そこでの合意が得られなかった場合の適用が考えられる。

ちなみに，禁止者リストとの照合は表記ゆらぎがあるために，部分文字列を使った照会や，関連会社やオーナーをも対象とするのであれば，取引先登録書類の1つである会社概要の回答項目を使っての確認も実効性を高めるうえで有効である。

リスクアセスメントで必要な文書化項目は以下である。
・リスク受容内：要件項目の基準値に対してなにが未達であるかの記述
・アクションプラン：未達部分を解消するための施策の記述。具体的な施策がある場合と一定期間をおき状況を再確認するものが考えられる。具体的な施策がある場合は実行者との合意内容と終了予定日を記述する。
・リスク受容者：リスク受容の責任者名
・リスク受容期間：リスク受容の期間
・暫定対応措置：リスク受容期間中の該当取引先の取り扱い制限（例：発注は該当品目関連に留め，別途品目の購入が必要となった場合は再

度リスクアセスメント実施・XXX円以下の案件に限定　等）

・見直し期日：再アセスメント日時

06　取引先登録承認

通常，取引内容に関する見積プロセスとそれに関連した契約交渉が同時並行で進んでいると思われるので，それらの進捗状況とあわせる必要がある。04と05のクリアと契約条件の合意が行われ，それに基づき，見積が採用されるという順序は必須であるが，「見積採用」「契約書捺印」「取引先登録」は同タイミングで行うということでよい。

07　システム上での取引先登録

調達システムが持つ取引先マスターへ新規取引先番号登録と，取引先から提出された振込先銀行口座番号を支払いDBに登録し，取引先番号と紐付ける。

支払いシステムの取引先マスターには調達の登録した取引先だけではなく，調達対象外の請求書支払い先や，場合によっては社員立替払いのための口座も同列に取り扱っているものもある。いずれにせよ，調達で管理している取引先を識別できる機能は変更や抹消の管理をしていくうえで必須である。もちろん，その他の登録に関しても主管部門を決めておく必要はあり，システムの仕様にもよるが，重複使用のものがある場合にはその修正・抹消に関してどこの部門が実施するか等の事前取り決めをしておかなければならない。

●契約締結フロー

10　契約合意交渉
11　条項・条件変更承認（必要な場合）

　自社で間接材調達の基本契約書の雛形を持っているところはまだそれほど多くない。特にサービス（役務の提供）に関すると，自社のものではなく取引先から提示されたものをベースに内容を検討し，必要であれば修正点の交渉を行い合意版で契約を締結するというどちらかというと受身のところが多い。

　機密保持・個人情報管理・知的所有権・損害賠償等のビジネスリスクは大きく，特に多様化・複雑化するサービスのほうが，扱うものが目にみえないので，より厳密な事前合意が必要なものであることは言うまでもない。

　間接調達の専門部門を作り，全社で同一の購買機能を構築するのであれば，自社での基本契約の雛形を用意することは実現すべき課題の1つである。

　自社の雛形か取引先から提示された契約書であれ，条項・条件に合意できないものがあれば，合意交渉を実施する。

　まず，合意に至らない点が本当に条件そのものにあるのか，それとも条文の解釈からくるものかを明確にすることが必要である。もちろん条文は誤解がおきないような記述になっていることが基本であるが，それでも状況によっては解釈があいまいになることも起こりうる。バイヤーは過去の例や法務部門の助言を受け，争点がどこにあるかを見極める。この点も自社の雛形を使用する場合のメリットとなる。バイヤーは契約交渉の経験を重ねるにつれ，どの条項・条件が争点となることが多いか，またどのような解釈・説明ができるかの知識を蓄積できるのである。もちろん，これはバイヤー個人の知識蓄積に留まらず，その内容を調達部

門内で共有することができれば，調達部門全体のスキルアップにつなげることが可能である。自社が守るべき条文・条件はどこにあり，取引先に遵守していただきたい点はどこにあるかをバイヤーが共有できれば，それは大きな強みになる。

また，条項変更に関しての承認経路に関しては，すべてを法務部門承認とすると規定しているところもあるが，条項はその影響の及ぶところが，ビジネスリスクであるか，リーガルリスクであるかに分けることができるので，法務部門と合意のうえ，それぞれに対する承認経路を分けることで，効率化が可能となる。

知的所有権，個人情報の取扱い等はリーガルリスクであるので，それらの条項の変更であれば，法務部門の承認とするが，たとえば，損害賠償の上限額の変更等は法律要件ではないものの変更に関しては，ビジネスリスクなので，事業部等，購入品の使用者やサービスの受益者の判断に任せるといった経路設定ができる。

また，調達部門と法務部門の事前の取り決めによっては，ある条項に関しては調達部門で判断ができるようにするといった権限委譲も可能である。

これらは一義的には契約処理の効率化を目指すものであるが，バイヤー自身が自分の担当する品目に対する洞察を深めるためにも大切な施策である。

また，契約管理が行える調達システムの中にはこのような条項単位での管理ができる機能を持っているものもある。

12　契約締結承認
13　契約署名捺印

最終的な承認者と捺印者は各社の規定で決まっているだろうが，取引先選定と価格と条件の決定を調達部門に集約させるのであれば，少なく

とも調達関連の契約の最終承認者は調達内で完結させるべきである。契約捺印者に関しては，社印の取扱い規定により，代表取締役名となる場合もあるかと思うが，対外的な顔として，調達の責任者が署名者としているところも多い。社印の商習慣がない国では調達での決裁者がそのまま署名を行っているところが多い。

まだ日本では普及していないが，契約の電子署名化も近い将来には使用企業が増えていくと思われる。

調達システムの中にはすでにこの機能をオプションとして実装可能としているものが出てきている。

14　取引先への契約書原本送付・回収

2社記名捺印方式の契約書の場合，13で署名捺印済みの2通を取引先へ送付する。契約書の種類によっては収入印紙が必要になるが，その費用負担どちらにするかは事前に決めておく必要がある。もし，半々ということであれば，2通のうち取引先側保管のものにバイヤー側で収入印紙を貼り，取引先側で収入印紙を貼ったものを回収するようにするのが実際的である。

契約書の契約日も契約書本文に特に開始日の記載がない場合は両者が署名捺印した日になるので，実務的には注意が必要となる。

また，基本的なことであるが，13のバイヤー側での署名捺印が終わると，契約プロセスが終了した気になってしまい，取引先からの回収を忘れてしまうというミスを起こすことも考えられる。それを防ぐためには，15の登録と保管を必ず，原本の回収が終了した後に行うという手順にする等の工夫も大事である。

15　システム上での契約書登録・契約書保管

契約書管理のシステムには契約の終了日が近づいた際の自動確認メー

ルの発信や，電子契約書を取り扱える機能を持っているものがある。また電子契約書を導入していない場合は契約書の PDF を保存できる。

　そのようなシステムが無くても，少なくとも有効期限切れの契約に基づく商取引（注文）が行われないようにするための管理が必要である。

　契約有効期限の管理以外にも，どの取引先とどのような契約が締結されているかを一元管理することは必要である。

　管理すべきデータは以下のようなものである。
・契約書番号
・契約書名
・取引先名
・担当（バイヤー）名
・署名捺印者名
・標準契約をそのまま締結したか，変更を加えたかの種別
・変更を加えた場合の社内承認者名
・変更内容の概要
・締結日
・契約有効期限（契約終了日）
・自動延長条項の有無と条件
・関連契約がある場合はその契約番号

参考資料3 　競合評価フロー

　ここでは「競合評価」のやり方とその考え方を戦略ソーシングの場合，すなわちソーシング戦略にしたがって，競合評価を行う場合の流れを紹介する。厳密には戦略ソーシングであっても1つの要求仕様に基づいた

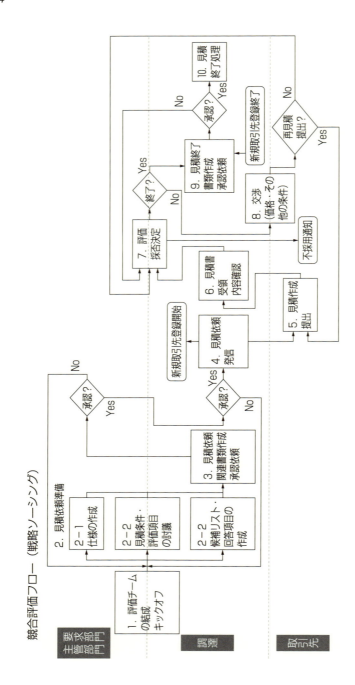

競合評価を行うこともあるが，それは戦術ソーシングでの競合評価と同一の流れになる。混乱をさけるため以下では標準仕様を作成するケースのみを説明する。戦術ソーシングでの競合見積に関してはフロー図のみを掲載する。

1　評価チームの結成・キックオフ

　評価チームは調達のバイヤーならびに，その品目に対するステークホルダーで構成する。品目別ソーシング戦略は支出分析結果によって立てられるので，対象の品目の部門別支出と現行取引先への支出分布から，まとめようとする要求部門，場合によっては事業部だったり工場だったりするが，その対象の要求元グループからの参加は必須になる。

　また，要求仕様や現行の取引先にグループごとのバラつきが大きい場合，それらを取りまとめるためには主管部門の参加が必要である（主管部門に関しては「第6章　ユーザー・マネジメント」を参照）。

　それ以外にも，場合によっては企画部門や財務・経理等，取引先選定に関するステークホルダーがいる場合には評価メンバーとして参加してもらうことを考慮したほうが良い。

　選定自体がゴールではなく，選定された取引先へソーシングを集約することができて，初めて成果がでるのである。ここでのメンバー選定ならびに続く見積依頼の準備での合意範囲が達成成果の規模になるので，慎重に選出する必要がある。複数部門間の統合・共通化が困難な場合は，時期をずらした複数の競合評価を実施をする等の措置が必要となるが，それらは品目別ソーシング戦略立案，もしくはそれに対するフィードバックとして記録しておけばよい。

　評価メンバーが決まったら，会議等を使って，目的・スケジュール・各自の役割に関しての共通理解を図る。

2　見積依頼準備

　取引先へ見積依頼をするための資料を評価チームで分担し作成する。同時に進めるという観点から3つのBOXに分けているが，実際にはそれぞれが，関連する事項があるため，進捗状況を共有しながら進めていく。

2-1　仕様の作成

　複数の要求仕様を主管部門が取りまとめて，標準仕様として見積仕様を作成するのであるが，現実的には仕様の取りまとめを過度に進めるのではなく，いくつかのケースとして見積仕様とする。むしろ主管部門の主眼は，特にサービス調達では，何を社内で実施し，何を外から購入するかのガイドを作成するところにおいたほうが良い。このガイドは価格低減ではなく，支出削減につながることが多く，効果も大きい。

　仕様の作成は主として，主管部門と要求部門で実施するが，必要に応じて過去の支出分析等のデータサポートは調達が行うべきものである。また主管部門がない場合は調達が複数の要求部門の調整と，取りまとめを行うことになる。

2-2　見積条件と評価項目の討議

　取引先からの提出見積のベースとなる見積条件と選定基準となる評価項目に関しては，できるだけ早い段階で評価チーム全員の合意を得ておく必要がある。一般には調達がドラフトを作成し，チームで協議。参加者の部門での合意（承認）をとったうえでの決定となる。特に数量のコミット等，発注を確約する条件は，この段階では特定の購入要求とは紐づいていないことが多いので，注意が必要である。ただ，取引先からの好条件を得るためには裏腹の条件でもあり，バランスをとることになる。

見積条件：

　取引先からの見積価格に影響を与えるものは，誤解が生じないように見積依頼前に決定しておく必要がある。ただ，見積折衝を進めていく際に変更が生じることはあるので，複数の参加取引先での公平性が保たれるように注意が必要である。以下に典型的な項目をあげる。

・有効期間

　　選定後の有効期間（自動延長の有無または次回見直しの時期）

・期間中価格改定の頻度

・中途解約条件

・採用にあたって追加個別契約が必要か否かの判断。必要な場合はそのドラフト

・見積数量

　　提示数量（月次・四半期ごと・年次の種別）

　　数量はコミット（確定）できるのか，予定数量なのかの種別

　　予定の場合の取扱い方法（参考値・最低保証枠）

・発注方法（以下のようなパターンの組み合わせがあるので，取引形態がどれになるかを明示する）

　　選定後一括発注

　　個別案件に関しては，都度見積を実施

　　契約書締結による支払い（注文書発行なし）

　　固定金額

　　変動金額・出来高払い

　　成功報酬型発注

・見積提出期限

・今後のスケジュール予定（概要レベル）

評価項目：

　価格以外の評価項目と配点（項目の総点を100点とすると見やすい），その採点方法と評価実施者を評価メンバー内で合意しておく。これは，見積依頼開始前に決めておくことが，公平性を保つために必要である。往々にして，採点後に配点に対しての反対意見が出ることがある。この点数によってまた採用が決定することを評価チーム内で確認しておく。またダウンセレクト（候補取引先の絞り込み実施後の再見積）や採用社数も，確定はしないまでも，概要レベルで合意を得ておくこと。

　価格以外の評価項目には以下のようなものがある。組み合わせと配点は期待する結果に応じて決定する。

　品質・技術力/対応力/会社の体制/要員提供力/過去の実績/セキュリティ/特定資格保持等。

　なお，配点ではなく必須条件のようなものがあれば，それを事前審査としても良いが，基本的には取引先登録があるということは会社として定めた基準は超えているので，その点も考慮する。今回の競合評価に新規取引先が参加する場合は競合評価の進捗に並行して取引先登録のプロセスを進めていくほうが合理的である。また，必須項目が取引先に確認を求めるものではなく，入手可能なデータから判断できるものであれば，参加取引先候補をきめる際に絞込みが可能である。

2-3　取引先候補リスト・見積回答項目の作成

・取引先候補リスト

　取引先候補リスト作成はバイヤーの真価を問われるところであり，このリストの出来によって競合評価の結果は大きく変わってくる。間接材調達の2つの権限の1つである「取引先選定」はこの取引先候補のなかからしか選ばれないわけで，その点からも，なぜこの取引先を候補としたのかの理由は明確にしなければならない。また後日，候補に入ってい

ない取引先に関してなぜ入っていないかの質問を受けたときに，明確な選定基準を答えられなければならない。

　取引先候補リストの作成は競合評価のこのタイミングだけで実施するものではない。日常の調達業務から見出した課題や支出分析から見えてきた課題に対する解決を実現するための仮説を作成することと同義である。すでに品目別ソーシング戦略としてまとめられていれば，その展開となるが，少なくともこの時点までに取引先候補リストとしてまとめるものと理解していただきたい。

　やり方としてはこの競合評価の目的と取引先の状況から解決の仮説としての取引先候補を選ぶことになる。

　価格低減が目的で現在が同様の品目の取引先が多い状況なのか，寡占状況にあって，価格低減が思うように実現できていない状況なのか，状況によって仮説のシナリオは変わってくる。バイヤーは品目の特性と取引先の特性から候補取引先ひとつひとつに期待する役割を与えてリストを作成する。
（いくつかのパターンは「第7章　戦略ソーシングの進め方」で説明している）

　またテクニカルには最初から絞りこんだ候補先リストを作成するのではなく，まずロングリストを作成して，チームで相談して絞込んで最終的な見積依頼先リストを作成するほうが効果的である。

　また候補先は調達部門の意見だけで選ぶのではなく，他の部門から参加している評価メンバーからの推薦取引先も加える。評価チームの合意で選ばれた候補取引先に対して同じく合意された評価方法で採用取引先を決めることが公平性の見える化につながる。

・見積回答項目
　これはバイヤーにとって，価格情報と取引先情報を入手できる最大の

機会である。

　価格情報は単価・総額だけではなく，内訳明細や役務系であれば，スキル別時間（人月）単価等の詳細情報の提示を依頼する。

　一義的には採用取引先を決定するために使用するのであるが，これらを分析し，その情報を蓄積していくことは，必ずバイヤー自身のスキル向上につながる。なにしろ，見積価格はまさに旬の生データなのである。

　回答項目のフォーマットは取引先に任せるのではなく，調達で決めたものを作成し取引先がそれに記入してもらう形にしたほうが良い。各社のデータの比較を容易にするからだが，取引先によっては開示できない項目があった場合でも，どこが空白であるかが明確になり，周辺情報や見積交渉の中から推定したり，検証したりすることが可能になる。

　また，「評価項目」の価格以外のものも，既存の情報から評価できないものは見積回答として提出を依頼する。

　バイヤーは品目・業界に関する自らの知見を深めるにはどのような情報が必要かを考えながら，見積回答項目を吟味し作成することを心がけることが大切である。価格以外の資料は往々にして参考資料として扱われてしまうことがあるが，これらを上手に整理し，分析することができれば，バイヤーならびに間接材調達部門のサプライヤー・マネジメントの強化につながる。

　価格情報と同様，評価の際の比較が容易になるよう具体的な回答が求められるものもできるだけ回答フォームを準備する。

　品質・技術力・会社の体制等，取引先のフリーフォームになるものは，枚数の制限を指定するかサマリーページをつけてもらうように依頼する。

　競合評価の規模によっては，取引先からのプレゼンテーションの時間を持ち，そこで評価チームによる評価を行うことがあるが，その場合は実施予定日ならびに時間を明示しておく。

　実施予定日は見積回答受領日ではなく，各社の情報を整理し，各社の

比較が明確になるような想定質問を作成する時間を考慮しておく。

3 見積依頼関連書類作成・承認依頼

調達担当バイヤーがこれまで準備してきた見積依頼の合意事項を依頼資料として見積参加取引先へ渡せる形でまとめる。

その後評価チーム内で承認を取得する。参加取引先ならびに評価基準は公平性を維持するため，見積依頼開始以後は変更できないと決めておくほうが良い。

その後の調達内での承認が必要か否かは，各社の承認規定に準ずる。ただ，見積参加会社に新規取引先が含まれる場合は，登録に関する準備も並行して進めることになるので，取引先登録管理の観点も含めて承認の有無は考慮すべきである。

4 見積依頼発信

5 見積作成・見積書提出

6 見積書受領・内容確認

見積依頼を開始する際には参加取引先に対し，今回は競合であることを伝える。また場合によっては参加取引先を召集して説明会を実施することもある。見積受領までの間，留意しなければならないことは公平性の確保である。

バイヤー側から伝える情報は同一とすることはもちろんのこと，ある取引先からの質問・回答に関しても公平性を期すために共有が必要と判断されるものは適時，全参加会社へ連絡する。

また参加社の中で，これまで取引がなく今回採用が決まれば新規取引先登録が必要となる会社があれば，競合見積りの進捗を見ながら，登録プロセスと必要な契約締結プロセスを並行して進めていく。支払いリードタイムやその他条件が記載された基本契約のようなものなど，新規取

引先が見積りを作成するにあたり条件として必要なものはこの時点で渡しておく。

質問の回答時間に時間を要した等の理由から，当初の見積提出期限を延長する場合も全社が同様の時間が与えられるよう配慮する。

また，各社からの見積書を受領したら，評価に進む前にバイヤーが内容を確認する。その際，内容に不備があった場合の再提出をどのレベルまで許すかどうかは評価チームで事前に決めておくか，個別判断をするのであれば，その判定方法は事前に決めておく。公平性を厳格に行う競合入札のような場合であれば，これは一切受け付けないという運用であろうが，場合によっては多少緩和させる運用も現実的だが，公平性を保つ視点は必須である。

7　評価・採否決定
8　交渉（価格・その他の条件）

事前に決めておいた評価者による評価（採点）を実施し，合計した総合得点で順位をつける。各社から提示した条件に添えないという回答がある場合はそれを加味した得点とする。

結果に基づき評価チームで採否を討議する。ここでの討議はこのまま採用を決めるか，または折衝を行って，再度見積提出を求めるかということになる。

採用社数は実施している競合評価の性質によって異なる。

また折衝を行う場合は参加社全社に実施する必要はなく，状況に応じて総合得点の低い会社に対してはこの時点での不採用を決定し，絞られた会社に対してのみ再見積りのサイクルを実施する。

交渉・再見積りのサイクルは評価チームとして採用取引先を合意するか，すべてを採用できず，競合評価を不成立とすることを決定するまで続ける。

9　見積終了書類作成・承認依頼
10　見積終了処理

　評価チームでの合意ができたら，担当バイヤーは終了書類を作成し，各社の調達規定に準じた承認を取得する。

　新規取引先が採用となる場合は，終了承認がされる時点で，取引先登録と取引開始に必要な契約書の締結が同期するように調整する。取引条件の合意がされないままの見積採用や登録のない会社に対する見積採用を避ける必要がある。

　終了書類には間接材調達の責任事項である，取引先選定と価格その他の条件が全社的視点でみて妥当であることの根拠の記載が必須である。

　またこの時点で今回の競合評価の結果として得られた価格低減予定額が算出できる。

　承認を取得したら，今後の発注プロセス（P2P）をどのように行うかに関する合意を関連部門でとり，必要であればガイドを作成する。

　また，今回の競合評価を通して見出した教訓や反省点・改善点もまとめて，保管するようにすると次回の競合評価に反映できる。

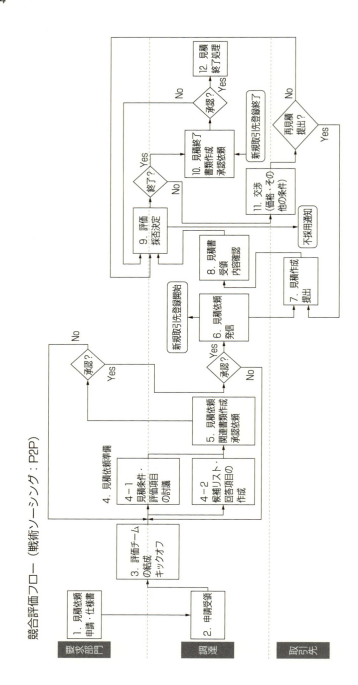

第5章

調達部門の組織編制

1 品目別ソーシング戦略グループの編制
2 戦略ソーシング・戦術ソーシング・調達オペレーションの
   分離と編制

第4章ではサプライヤー・マネジメントを強化することで間接材調達を強化していくための考え方と進め方を説明してきた。第6章ではもう一方の施策であるユーザー・マネジメントの強化方法を説明していく。その前に本章では効果的に間接材調達改革を進めていくための調達部門の組織編制について説明していきたい。

1　品目別ソーシング戦略グループの編制
2　戦略ソーシング・戦術ソーシング・調達オペレーションの分離と編制
　　1　戦略ソーシングの役割
　　2　戦術ソーシングと調達オペレーションの役割

調達のバイヤー組織は担当品目に特化したスキル向上と知識・知見の蓄積の観点から品目別に組織化したほうが良い。

調達視点から見たとき，品目別の専門家集団を持つことになるので，この編成は総論では賛成ではあるが，実際に実現するには調達内外での2つのハードルがある。

調達外，すなわち要求部門からみると，この形にすると複数の品目を調達する場合，要求元は品目ごとに異なる担当バイヤーに相談することになってしまう問題がある。これを補うために対要求部門向けの調達組織や専任の購買担当者をアサインする対応が考えられる。専任の担当者をおくことで，対応の質の向上を見込めるし，また要求部門と調達の利害が相反する場合などには，対立ポイントを明確にし，解決策を探るという方策を取りやすくなるという点で2つの機能を分けることはメリットがあると考えられる。

ちょうど，サプライヤー・マネジメントとユーザー・マネジメントに呼応した組織編制である。

一方，現在が事業部に対応した調達組織編制であった場合，バイヤーは担当事業部の品目仕様に引きずられてしまうことがおきる。特に一般経費・消耗品ではなく，会社の業務に直結している間接材の場合だが，なかなか，真の意味での品目別視点にならないことが起きる。これは品目内のすべての調達を同一仕様に統一しようとする活動ではない。ただ品目担当バイヤーは自社で調達するものに対し，どの仕様（品質）レベルのものがどのような場合に調達されているかを把握することが求められる。逆に言えば，複数の事業部が同じ品目を調達する場合のすべての取引先選定を同一のソーシング担当者（またはグループ）が行うという組織を目指す。

対要求部門向けの調達組織はユーザー・マネジメントの施策そのものであり，説明は第6章の「ユーザー・マネジメント」に譲る。

ここではサプライヤー・マネジメントを効率的に実施し，リソースの最適化とスキル向上を目指す3層組織を紹介する。

1 品目別ソーシング戦略グループの編制

調達部門内の基幹の役割を担うソーシンググループは，いわば狭義の「調達」「バイヤー」とも言うべきもので，調達の主業務である「取引先の選定」ならびに「価格およびその他の条件の決定」を行うところである。調達額がある程度大きい品目であれば，このソーシンググループから戦略立案に特化させた品目別ソーシング戦略グループを独立させることはサプライヤー・マネジメント強化のうえで最も大切な施策である。

これは生産材調達では多くの企業が採用している施策と同じである。

ただ間接材というだけに，これに関する人材の育成というところまで，手が回っていないところが多い。生産材とは異なり，直接自社のビジネス運用に関係しない品目もあるからである。しかし，支出の見える化が

進み全社レベル，さらには関連子会社や海外拠点をも含めた規模が充分に大きくなる場合は，このような品目別ソーシング戦略に特化した専門家集団が必要となるはずである。

　グローバル企業ではこのグループをグローバルレベルで構築し品目別カウンセルチームと称しているところも多い。

　ここではこのグローバル企業での品目別ソーシング戦略グループを例として説明を行う。支出額が多くない品目では兼任もあるだろうし，また品目によっては自社にその分野に関する専門家を育成していく必要はないと割り切り，アウトソースするという施策をとる企業もある。究極的な例として理解いただきたい。

　このグループの業務範囲は以下のように品目別でのソーシングの責任を集中化させるように設計する（承認経路を設定する）ことが必要である。

・担当品目における価格・品質・供給量・納期・顧客影響力・市場競争力・CSR
・品目別ソーシング戦略立案・展開・評価
・担当品目における最適な総取引先数ならびに取引先層別化管理

　品目ごとの状況により，グローバルレベルでの集約化にそぐわないものもあるので，現在ならびに将来の状況を考慮した戦略立案とローカル・リージョン・グローバルといった地域的制約を考慮した戦略展開が必要である。

　必要なスキルとしては，
・品目に対する専門知識と知見
・現在の業界の大手企業に関する知識（究極的には個人ネットワークを

構築しているレベル)

・最新技術または新サービスの動向

・関連する法規制の知識

であり，程度にもよるが，そもそも自社で育成し保持すべきスキルなのかの見極めは必要である。また自社で育成しようとすると時間がかかるため，調達の他のグループとは異なり長期的なアサイメントとなることが多い。たとえば，トラベルの戦略担当者であれば，主業務は旅行・航空会社関連のものとなり，自分が就職した会社業務とは離れたものとなってしまう。品目別ソーシング戦略グループの長は人材育成に関する責任と自らの後継者を見つけることも責任の1つとなる。

　また戦略グループと実際の展開を実施するグループは可能であれば，分けておいたほうが良い。戦略グループは理想形を目指した長期計画を立てるべきである。立案された計画を展開していくグループは現実の環境や制約条件などを解決していかなければならない。ただこれを乗り越えてこそ高いレベルでの早期実現が可能となることが多い。戦略作成グループが過度に制約条件にとらわれてしまうと当初の目的とは別の着地点になってしまうことが起こりうるものである。

2 戦略ソーシング・戦術ソーシング・調達オペレーションの分離と編制

　前項ではソーシング戦略を立案するグループに関して述べたが，本項ではもう少し実務的な観点から，戦略と戦術，オペレーションの区分について説明を行う。

　リソースの制約や，支出金額の規模から，独立した別のグループを持つ必要がない場合でも，調達業務を戦略・戦術・オペレーションの3つに区分して整理することは効果的である。

多くの間接材調達部門では，担当バイヤーは日々の調達案件の処理に忙殺されている。それを解決していくためにまずはこの整理が必要である。

1　戦略ソーシングの役割

品目別での主要取引先選定・年度契約価格改定摂政・新規取引先選定・大型プロジェクト取引先選定等，ある金額以上の支出が見込まれる取引選定に関するソーシングイベントが対象となる。金額設定に関しては総支出金額の規模と調達要員数で決めるべき設定であるが，大きな特徴は調達が開始の主導を取るという点である。日々の調達オペレーションでは要求部門が起票した購入要求に対し，取引先選定と価格およびその他の条件を決めていくことになるが，このサイクルのみの活動では時間的な制約があり，大きな成果は期待できない。品目別の全社での支出傾向を把握し，適切なタイミングでのソーシング戦略を作成することが第一歩である。中長期計画立案のタイミングでは課題として残っているソーシングイベントの実施概要を決め，それに対する低減効果の目標とリソースの確保を織り込む。さらに年次計画立案時では具体的なソーシングイベントのスケジュールを盛り込んだソーシング戦略を作成していく。調達リソースにも限りがあり，たとえば主要取引先の見直しのようなソーシングイベントの頻度も決めておくと効果的である。

品目別ソーシング戦略の中身は少なくとも以下の項目が必要である。

1　品目基本情報
　　該当品目の説明（コスト構成・価格決定要素・類似品目・トピックス等）
2　内部環境
　　現在の社内での使用状況のまとめ（部門別・取引先別・集約度・価

格推移）
3　外部環境
該当品目の市場状況に関するまとめ（価格傾向・市場占有率状況・
技術動向・法規制　等）
4　戦略内容
目的・価格目標・終了条件・方針・やり方
5　実施計画

冒頭で戦略ソーシングの例として新規取引先選定・大型プロジェクト取引先選定を挙げたが，この種のソーシングイベントは調達ではタイミングが把握できず，調達が開始の主導を取ることが難しいので注意が必要である。

どう取り扱うかに関しては要求部門との協業を如何にうまく行うかである。詳細に関しては第6章の「ユーザー・マネジメント」で説明する。

戦略ソーシングイベントにより，取引先と価格その他の条件が決定したら，そのソーシングイベントを終了する前に実際のP2P（Procure To Pay：購入要求から支払いまで）の展開方法を決め，実施責任者を決めておく必要がある。これを決めておかないと，「主要取引先」は決定したが，実際には集約化が進まず期待した削減効果が得られないことになったり，「カタログ」を導入したが，カタログ使用率が上がらなかったりというようなことになりかねない。

2　戦術ソーシングと調達オペレーションの役割

この2つを明確に分けているのは，アウトソーシングや社内共有サービスセンターを使用している場合が大半であるが，この区分けをどこにするかの詳細は各社まちまちである。

ちなみに，ここを分けることの動機の多くは，現行バイヤーの主業務

をより付加価値の高いものにシフトさせることにある。多くの場合間接調達の案件数はかなり多く，バイヤーはほとんどの時間が調達処理に追われている現実に対し，定型化された業務を外出しにするということである。

この「定型化された」がポイントである。

当初は取引先や価格が決定している（承認された価格リストがある等）トランザクションのみを調達オペレーションが行い，それ以外の都度見積を戦術ソーシングが行うとしているところが多い。ただ，これだと調達システムのカタログで代替できるものが多くなるので，次のステップとして低額の都度見積りを調達オペレーションで行うとしているところが一般的である。

金額の境界値を決めるやり方は確かに現実的な方法ではあるが，効果的な調達を目指すということは，1回の見積金額規模を大きくまとめていくことであり，小額見積案件数をできるだけ少なくしていくという目的に対する直接的な解決策にはなっていない。間接材調達では小額案件，言い換えればロングテール（少額取引の取引先数が多数登録されていること）の問題をいかに少なくしていくかは大きな課題であり，一朝一夕には解決できないものである。だからこそ，まずはその量を見える化するために，業務分担を分け，どうしたら減らすことができるかを考えていくべきである。

発展系としては前項の「戦略ソーシング」で述べた，ソーシングイベントの終了時に決定したP2Pの展開方法は手順化しやすいので，これをオペレーションで行うというものである。これにより限りあるバイヤーリソースの最適配置と低減効果刈り取りの最大化を効果的に行うことができる。

カタログに登録のある品目に対する都度見積取得依頼があった場合の誘導や，主要取引先が選定されているのに他の取引先への発注を希望さ

れた場合での対応等，さまざまなバリエーションがあるので，状況にあった展開が望ましい。

ちなみに，トラベルソーシングにおいては選定されたホテルや想定したルートとクラスでの航空券の発券をバイヤーが対応するのではなく，トラベルエージェンシーやトラベルシステムで行っていることが多い。これは決められた事項を遵守させるという点で同じ考え方である。

第6章の「ユーザー・マネジメント」でコンプライアンスの観点（サプライヤーコンプアイアンス・トランザクションコンプライアンス）から説明をしているので参照されたい。

最終系ではできるだけ定型化した業務を増やし，調達オペレーションの範囲を増大させ，さらにRPAやAIの活用もしていくことになる。

そうなると戦術ソーシングの業務範囲は戦略ソーシングがまだ適用できていない品目やサブ品目に関する都度見積ならびにトランザクションレベルで要求元対応が必要なところに集中できるようになる。この2つの領域の状況を分析することで，サプライヤー・マネジメントとユーザー・マネジメントの次の打ち手を考え出すことができるはずである。このサイクルを回していくことでより強い間接材調達を実現できるようになる。

第**6**章

ユーザー・マネジメント

1 ５つのコンプライアンス

2 ユーザー・マネジメント強化方法

3 要求部門専任調達担当制度の導入

4 主管部門制度の導入

5 カタログ調達における主管部門の関わり方

1 5つのコンプライアンス

　間接材調達におけるユーザー・マネジメントの目的とは全社的な視点で決められた調達事項を社内の事業部・部門・グループまたは社員全員に守らせることである。これが徹底できれば，すべての商取引を健全に，かつ全社的に見て最善に保つことができる。

　「守らせること」（遵守・コンプライアンス）にはいくつかの段階があり，これらを整理して考えると，自社のコンプライアンス・レベルがどのあたりにあるかを知ることができる。もちろんこれらを数値化して管理していくことも有用である。

《図表6-1》　5つのコンプライアンス

ユーザーマネジメント：段階的コンプライアンス

1. System Compliance
・決められたシステムを使用して調達が行われており，支出内容を把握できる

2. Process Compliance
・調達プロセスが遵守されている

3. Supplier Compliance
・調達が選定した主要取引先または指定取引先に発注されている

4. Transaction Compliance
・個別契約や特別指示をすべてのトランザクションに正しく適用されている

5. Cognitive Compliance
・AIのサポートにより，ユーザーの負担を軽減されたトランザクションで全社最適を実現している

1　システムコンプライアンス

　一番目は調達システムの通過率である。これは調達が取り扱うべき物品・サービスが正しいシステムを使って支払いにつながっているかを測定するものである。

　この総額が調達の取り扱っている支出額である。支払いのシステムが複数あり社員が両方を使える場合や，新たに調達システムを導入した際にはこのシステム通過率を指標として，指定した調達システムの使用率を管理していくことは効果的である。

　もう少し成熟度が上がってくると，このコンプライアンスは本来，調達が取り扱うべき支出が正しく指定されたシステムを使ってプロセスされているかを見る指標にすることができる。

　第3章の 5 で説明したが，会社から外部のエンティティへの支払いの方法は雇用による賃金の支払いを除くと1）注文書，2）請求書，3）社員立替の3つの種類がある。1の注文書はそのすべては調達が取り扱うものであるが，2の請求書に関しては，交際費や公共料金等，調達の範囲外の支出が存在する。3の社員立替に関しても出張時の航空券やホテルなどの調達がレートを契約しているものは調達通過支出であるべきであるが，それ以外のものには社員が直接購入してよいものもあるはずである。

　このシステムコンプライアンスでは規定では注文書を出さないといけないものが，請求書で支払われているとか，出張時に法人契約のレートで正しく支払われているかをみているのではない。それらは2以降のコンプライアンスで見ていく項目である。ここでは調達の取扱い金額が正しく把握できるかを見ているのである。

　これ以外の支出とは契約がない請求書支払いであるし，社員が法人契約ではない支払いをしているものであるということである。

これを定期的に確認し調達の担当範囲を見直していくのである。

2 プロセスコンプライアンス

2番目は間接材調達の対象となる品目・サービスの購入が，正しい調達規定に沿って行われているかの遵守率である。これを遵守していないトランザクションを調達通過していない，すなわち調達を回避しているということから『バイパス』と呼んでいる会社もある。

遵守しているか否かは，まず時系列でみて正しい順序で行われているかが基本になる。

実はこの遵守率の測定は一見システムで容易に測れそうであるが，システムで測れるものは表面の一部に過ぎず，担当する調達バイヤーのスキルレベルによって精度が変わってくるものである。

注文がないのに請求書が届いたものや，事後発注であることを購入申請時に明示してあるもの（たとえば希望納期が過去）等のものは判定が容易である。また，見積システム等を使用しており，見積時のサービス開始日のデータが取れる場合はその開始日と実際の発注日が逆転していないかを確認することも可能である。長期に続くサービスで全期間が一括発注されず，短い期間ごとに順次発注する場合，発注タイミングの遅れで，注文期間に間が空いた場合は適切な支出承認がとられていなかったという観点でプロセス違反とみなすことがある。

ただし，この見積時点での日付や継続案件の期間の空白などを判定にするというやり方は，そのままで，プロセス違反だと決めつけるわけにはいかないので注意が必要である。見積り上では作業を開始しているような記載があっても，実際には作業が行われていないことがあるからだ。

遵守率を最低数値としてレポートするという運用をしていれば，そこまで厳密に実作業の実施の有無の確認の必要はないが，違反者に対する再発防止を徹底させるというような厳密な運用をするのであれば，確認

は必須となる。

確認を行うということであれば，見積りデータがない場合でも，高額・発注の発注日と納入日の差がほとんどないものは，正しい調達プロセスが実施されなかった可能性があるとみなして，確認をするという運用をしているところもある。

調達プロセス規定がない場合や，厳密な運用をしていない状態だと，事後発注や口頭発注が申請時に正直に宣言されることが多く，正しいプロセスコンプライアンスの状況を把握しやすい。逆に規定の厳密な運用を始めると，申請データだけでは測れないケースが現れるという本末転倒のようなことになる可能性がある。

したがって，システム上の日付を使った測定だけでは不十分で，加えて担当バイヤーの判断が必要となる。

そもそも，「取引先選定」または「価格その他の条件の決定」がバイヤー以外の人が行ったか否かは，バイヤーの行為自体の問題なので，バイヤーからの報告で測定することは必要であるが，時系列が逆転した違反も，バイヤーからの報告をもとに確認に加えていくことにすれば，より正しい測定となる。先にバイヤーのスキルによって精度が異なると書いたのはここのことで，バイヤーによって検知できるものに差が出てくる。

定義から言えば，バイヤーが見積プロセスの中で「取引先選定」と「価格その他の条件の決定」を行う前に第三者の関与により，選定と決定がなされていないかが測定方法である。

ただし間接材調達の立ち上げの時期，すなわちこれまで要求部門が取引先選定や価格の決定を行っていたのを調達部門に移行する期間は，バイヤーが選定と決定を追認することは違反とカウントしない等の暫定ルールを適用するのも現実的である。

全社レベルで調達成熟度が上がれば，案件に対する調達バイヤーの早期参画が可能となり，このプロセスコンプライアンスは100％に近くなる

べきの指標である。1のシステムコンプライアンスと2のプロセスコンプライアンスはビジネスコンプライアンスとも言い換えることができる。

3　サプライヤーコンプライアンス

　これ以降のコンプライアンスは価格低減を含め，間接材調達がユーザー・マネジメントの観点から成果を高めるための遵守率となる。3番目のサプライヤーコンプライアンスは調達が選定した主要取引先や指定取引先（第4章の 7 「取引先の層別化」参照）の集約度である。算出は基本的に分子に主要・推薦取引先への発注量をおき，分母は該当品目の総発注金額になるが，主要取引先や指定取引先を決定した際の条件に合わせて修正する必要がある場合もある。

　主要取引先や指定取引先はその品目の戦略ソーシングで選定され，そこに注文を集約することで価格低減の効果を最大限にするものである。ユーザーガバナンスがあまり強くないと，主要取引先は決めたもの，あまり集約度が高まらないということにもなりかねないのである。典型的な総論賛成・各論反対であるが，このようなときに集約度の見える化を行い，上位マネージメントを含めた注意喚起につなげることで集約度をあげることができる。

　より直接的に仮に主要取引先・選定取引先に変更した場合の価格差を集計して，価格低減機会損失額（ロス・オポチュニティ）というレポートにするのも効果的である。

4　トランザクションコンプライアンス

　ひとつひとつの調達トランザクション（購入要求から支払いまで）が管理・コントロールされており，調達施策に対して適切な対応がとられているかの遵守率，言い換えれば調達オペレーションの正確さを測るものである。

具体的には以下のようなことが正しく行われているかを見るものである。

- ・個別割引条項などの個別要件が正しく適用されている。
- ・下請法対象取引先に対する対応が法要件を満たして正しく実施している。
- ・主要取引先・選定取引先以外の取引先を希望された場合にあらかじめ決められた手順で集約化に誘導することを実施している。
- ・カタログがある品目での都度見積依頼があった場合にあらかじめ決められた手順によりカタログに誘導することを実施している。

これらの実現のためには，よく訓練された調達オペレーターと手順書（マニュアル）が必要である。3のサプライヤーコンプライアンスではトップダウンでのユーザー・マネジメント向上の例を紹介したが，ここはボトムアップでのユーザー・マネジメントの徹底というべきものである。

間接材調達では残念ながら取りこぼしとなるケースがまだ多く，このようなトランザクションレベルでの徹底が効果を上げていることも事実である。

5　コグニティブコンプライアンス

前述の4の「トランザクションコンプライアンス」の実現にはリソースならびにトレーニングコストが発生する。コグニティブコンプライアンスとはこれをAIやRPAで実現する遵守項目である。

現時点ではすべてのトランザクションをカバーするようなものはないが，かなりの部分を実現しているものが登場している。

2 ユーザー・マネジメント強化方法

　5つの段階的なコンプライアンスを説明してきたが，これらの遵守率はユーザー・マネジメントを強めていく過程での指標となるものである。

　もし，このレベルが低い状況であれば，それをどのようにして強めていくかの計画が必要である。

　正攻法から言えば，調達機能の一元化をトップダウンで発信することである。具体的にはチーフ・プロキュアメント・オフィサー（CPO：社内での調達に関する責任者）の任命や調達規定等のルールを作成し，これを徹底させることである。

　ただ現実には現在の組織構成や過去の経緯により，そう簡単にこの宣言に踏み切れないところがほとんどである。

　段階的コンプライアンスの一番目であるシステムコンプライアンスはデータの見える化である。これは調達機能の一元化とは別の話であり，間接材調達変革を行うという動機があれば，システム化の投資金額は別として，進めることに対する異論はでないはずである。

　見える化ができれば，前述2の「プロセスコンプライアンス」での状況が把握できる。会社として管理が不十分である支出領域が明示したうえで打ち手を考えることができるようになる。もし，サービス領域の調達の見える化が遅れている状況であれば，そのビジネスリスクの領域規模も見える化ができるようになる。

　更に，この見える化が実現すれば，支出分析と取引先分析ができるようになり，これにより達成しうる価格低減規模を算出できるようになる。

　このメリットにより，調達変革を進められるはずである。

　ユーザー・マネジメントを強めていくためには「見える化」を進める

ことで，集約調達のメリットを理解してもらうということが正攻法であり，王道である。それ以外の2つの施策を紹介する。1つは主要な要求部門に対し専任の調達担当者をアサインする施策（要求部門専任調達担当制度）であり，もう1つは調達部門と要求部門以外に品目に関する責任部門を設置する施策（主管部門制度）である。

両方とも，それぞれの役割を明確にすることで，効果的な分業を加速させるための施策である。

3 要求部門専任調達担当制度の導入

バイヤーのスキル向上の観点からはバイヤー組織は品目別としたほうが良い。しかし，これだと要求部門は品目ごとに異なる担当バイヤーに相談することになる。

これを補うために主要な事業部や部門に専任の調達担当者をアサインする制度がある。

この呼称はさまざまである。調達パートナー・事業部調達担当・調達ブランド担当・要求部門調達担当等。いずれも，特定の要求部門に対して調達の窓口の役割を担う者を配置するものである。本書では「要求部門調達担当」として説明を進める。

要求元調達担当の役割が調達と要求元とのコミュニケーションの潤滑化を図るものに限定するのであれば，業務内容は調達に関するヘルプデスクや調達から発信するガイドの展開になり，それほど高いスキルは必要としない。

それはそれで一定の効果はある。この役割を全社視点での調達を実現するために積極的に要求部門に働きかけるものと位置づけることで，ユーザー・マネジメントの強化を目指すという考えである。

要求部門調達担当は要求部門（事業部）の業務内容を理解したうえで，

事業部に対するパートナーとして調達に関するアドバイスを行う。また要求部門からの調達に対する要望を受け付け，ソーシングチームを調整して解決にあたる。

というのが理想系であるが，要求部門と調達部門の板挟みとなることもあるので，調達経験が深いエキスパートの人選が必要となる。

著者の経験であるが，すべての要件を満たす人はなかなかいないのが本当のところである。試行錯誤で進めていくしかないのであるが，要求部門調達担当に展開をまかせるのではなく，調達部門の上位マネージメントのサポート体制が必須である。

スタート時には調達と要求部門の上位マネージメント同士がこの施策に対する共通理解をしており，推進に対して両者が直接関わっていくとの合意があることが望ましい。

また要求部門調達担当者個人の評価は調達内だけで行うのではなく，担当部門の上位マネージメントに直接評価してもらうという形をとれれば，本人のモチベーション向上につながる。またこの評価はそのまま，調達部門に対する評価・フィードバックとなる。

間接材調達における集約調達が進んでいない状況で一足飛びに理想系を実現することはまず不可能である。

以下のような4つのステージを目安に上を目指していくのが現実的である。

もちろんすべてがステージ1から始まるのではなく，調達に関する成熟度によってスタートステージが異なる。

ステージ1：信頼関係構築

間接材調達部門による集約調達が進んでいないか開始直後の状態。すなわち調達の役割と権限が徹底されていない。取引先選定と価格の決定

が実質上，要求部門で行われている状態を想定している。

　規定・ルールの有無にかかわらず，まず要求部門調達担当が行うべきことは要求部門との間に信頼関係を構築することである。

　そのためには，要求部門の現在の状況を理解することが先決である。要求部門がおかれている環境，戦略，課題等に関する情報を収集し理解を深める。バイヤー経験が豊富な担当者の視点での理解は要求部門内部のものとは異なったものになるはずである。

　このフェーズでのゴールは信頼関係を築いたうえで，調達に対する相談窓口となり，要求部門の要望に対し調達部門を動かして問題を解決し，要求部門を満足させることである。

　取引先選定と価格決定が要求部門で行われている状況で調達が入り込もうとすると，警戒され，真の問題には触れさせてもらえないとか，うわべだけの対応に終始されてしまうということが起きる。

　プロのバイヤーとしての経験と知見，そして調達部門のバックアップがあることを認めてもらい，真の意味のパートナーとなることがゴールである。

　属人的なアプローチになりがちであるが，部門で承認された正式な施策であるので，必要であれば上位マネージメントのサポートをもらいながら，窓口としての個人の信頼関係を強めていく。場合によっては待ちの窓口ではなく，積極的に課題を聞きにまわるという対応も必要になることもある。

ステージ２：調達早期参画

　このステージでは調達主導のソーシングの実現に対して品目のカバレージと関与度合いの２面での深化を目指す。

　この時点では間接材調達部門が間接材調達の取引先選定と価格その他の条件の決定に関して，権限と責任があることが会社として明示されて

いることを前提としている。

スタートとして，価格低減に対する定義と計上ルールを要求部門に説明し，合意を得る。低減目標を設定し，報告方法を決定する。

品目カバレージの拡大

品目ごとに調達の関与度が異なる場合はその状況を理解し，調達主導のソーシングができていない品目に関してはその理由と調達主導となった場合のメリットがあるかを整理する。

調達プロセスの遵守率の向上といった管理数値だけを追うのではなく，要求元調達担当は担当部門側の目線でどうすれば，調達との協業ができるかの方法を探る。場合によっては過渡期のプロセスとして，要求部門と調達の棲み分けでのソーシングや共同でソーシングを行うという形をとることを提案し調達部門と合意する。

調達プロセス遵守率という数値に過度に集中すると，プロセス上では調達がソーシングを実施しているように見えるが，その実はそれ以前に要求部門によってソーシングが行われており，すでに決定している取引先と価格に対して調達が見積りを取るということになりかねない。これだと2度ソーシングを行うことになり，時間とワークロードの無駄となってしまう。

要求元調達担当のアプローチは実をとることを主眼におく。

戦略ソーシング（品目ごとに主要取引先や指定取引先を決める等の買い方の最適化を図るもの）の展開ロードマップを要求部門と調達ソーシングチームの間に立って計画する。この実施計画が主要品目に関して作成され要求部門の合意がとれれば，品目のカバレージの観点でのゴールである。

調達関与度の深化

　また要求元調達担当は部門の計画担当等とのコミュニュケーションから，大きな支出を伴うもの（プロジェクト・イベント等）にどのようなものがあるかの情報を入手する。これらのいくつかに対し，早期段階からの調達の参画ができるよう調整する。計画の初期段階からの参画は調達効果を最大にすることができる。

　いくつかの案件で価格低減等の実績がでれば，調達の早期参画が常態化する。これらの実績は日常調達業務での改善にもつながるはずである。

　当ステージのゴールは要求部門単体としては最適な調達が実現できているレベルである。先に説明したコンプライアンス・レベルだと 3 の「サプライヤーコンプライアンス」までが単体で実現できているレベルである。

ステージ 3 ：全体最適視点の導入

　ステージ 2 までは要求元調達担当は担当する部門視点からの最適調達実現を目指してきた。そのソーシングが全社最適のソーシングに対して矛盾がなければ，このステージはスキップできる。

　要求部門が調達で決めた全社最適のソーシング結果で選定された取引先以外の取引先を使用している場合，要求元調達担当は状況を分析する。全社視点でメリットがある場合は，その適用を要求部門に説得する。

　担当する部門にとって最適な調達を実現することが，ステージ 2 までの目的であったのに対し，このステージではベクトルが逆となる説得となる。

　ただ，多くの場合は全社レベルではメリットのあるソーシングであるので，何かを変えることで適用できる場合が多い。要求部門の状況を一番理解しているのは要求元調達担当であり，調達部門との調整・協業でこの実現を目指す。

ステージ4：要求部門と調達の協業体制

　要求部門と調達が決められた役割分担に基づいた協業体制での調達を実施できているレベルに達している。

　要求元調達担当の主な業務は以下のようなものとなる。
・要求部門の支出計画策定に参画し調達に要求される価格低減目標を調整のうえ，調達の代表として合意をする。
・要求部門での新規プロジェクト等，大きな支出が伴う計画に初期段階から相談役として参画する。
・調達ソーシングチームに働きかけ，価格低減目標達成に向けた品目別調達施策展開計画を策定する。
・調達が積み上げた低減計画の総額が価格低減目標に満たない場合はソーシングチームと協業し追加施策立案のフォローを行う。
・調達ソーシングチームが計画するソーシング戦略（主要取引先選定等，比較的大きな調達施策）に関し，ソーシングと共同で説明を行い，展開に関する同意と協力を取り付ける。
・調達から提供される月次レポートのフォームを要求部門と相談のうえ決定する。
・要求部門への価格低減実績の報告を適時行い，要求部門からの追加要求等があれば，調達ソーシングへ調整・展開する。
・調達部門から要求部門に対する指示・依頼等があれば，要求部門へ展開する。

4 主管部門制度の導入

　間接材は直接材と異なり，要求者がさまざまで多数いるという特色がある。主管部門制度とは，品目別に要求元を束ねることができる部門ま

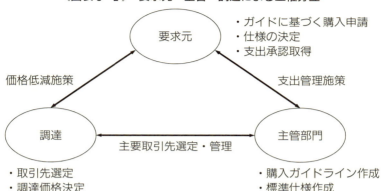

《図表6-2》 要求元・主管・調達による三権分立

たはグループを定義することで，間接材に関する全社視点でのソーシングを実現しようとするものである。

　主管部門がないと，ユーザー・マネジメントはさまざまな要求元対調達の対立関係だけになってしまう。品目を束ねる主管部門を加えた分権体制を作ることで，効果的なユーザー・マネジメントを実現させるという考え方である。

　主管ということで会社として，その品目に対しての責任を持つということであるが，間接材調達の観点からは以下の3点の役割を担うことを想定している。

1　品目を外部から購入するか否かのガイドライン作成
2　品目に関する標準仕様の作成
3　間接材調達と協業のうえ，主要取引先・選定取引先を選定・管理する

　1に関しては法律要件や社内規定の遵守といった観点に加え，主に役務提供等のサービスに関しては社内で行うか外部調達をするかのガイド。

2はオーバースペックの調達に対する歯止めのガイド。3は調達が進めていく戦略ソーシングでの要求元の代表といった役割を担うものである。

主管の役割を担う部門があるかどうかは会社ごとの組織形態により状況は異なる。

比較的明確なものとしては，人材派遣は人事・労務部門。清掃・警備・セキュリティは総務部門などが挙げられるがが，これらも会社によっては，事業別・工場別であり，全社を横串に見てはいないところもある。

また，IT機器や広告・宣伝などは専門の部門があり，個別の発注までもその部門で行っていることもある。この場合は主管部門＝要求部門とも言える形ではあるが，その取扱い範囲が全社なのか，また品目で考えたときにすべてを網羅しているのかは確認の必要がある。

また，業務委託などは事業部ごとに管理していることが多く，全社を横串でみる部門やグループはないことが多い。この場合の候補としては事業部の計画をたてているところや事業部長直属のメンバーがあてはまるのかもしれない。

全社的な規模という観点からは財務部門が主管部門となる場合もある。

すべての品目に主管部門をアサインすることは難しいし，また最初は事業部ごとで束ねてという段階的な展開となる場合もある。また，現状行っていない業務を追加することになるので，全社的な改革の位置づけとしての承認を取ったうえで，展開計画をたてる必要がある。間接材調達改革は調達部門だけで実施できるものではない。ユーザー・マネジメントをいかに行うかが成功の鍵である。主管部門制度の導入により間接材調達改革を全社レベルの改革に引き上げることができる。

実際に前述の候補部門には束ねていきたいという課題を持っていながら，さまざまな理由から手をつけられないでいるところがあり，調達とタッグを組むのならばと，主管部門制度に積極的に取り組んだ成功例がある。

さらに役割の1.2を発展させ，品目購入に関する総量管理を主管部門の役割にするということも考えられる。調達での価格低減は購入金額や単価低減であるが，総量管理は購入金額そのものが対象となるため，場合によっては大きな削減が得られる。会社の状況によって大幅な削減施策が必要となる場合があるが，外部支出の見える化が進んでいれば，調達が必要なデータを提供し，主管部門が分析をするという運用ができるようになる。

5 カタログ調達における主管部門の関わり方

　調達システムを使った調達パターンのひとつにカタログ調達がある。調達は取引先との間であらかじめ対象商品と単価を決め，電子カタログに載せる。要求元はカタログに掲載されてある商品を選び，支出承認を取ることで発注できる。要求元の利便性向上ならびにバイヤーの都度見積取得のワークロード削減になる。繰り返し発注の頻度が高い小額物品に適用される昔からある調達パターンである。

　かつてはバイヤー企業ごとに登録設定を行う固有のカタログリストを使う場合が大半であった。

　この場合，たとえば文房具カタログなどでは，掲載商品の種類を絞ることで支出を集約させ，特定物品の単価を下げるという施策がとることができた。

　最近は取引先のカタログサイトに接続するカタログ機能を持った調達システムも出てきている。この形式であっても，バイヤー企業による登録商品の絞込みや固有単価の設定が可能なものが多いが，さらに進んでバイヤー企業のサイトにつながり，そこで商品を選択して発注する，価格はベストプライスではあるが，個別の単価設定はしないというものもある。

どちらも，登録商品の種類ではかつてのカタログとは比べ物にならない程充実している。これにより，利便性は大幅に向上する。調達的にはロングテール問題の解決ともなる。

ただ一方，並行して支出管理の仕組みを入れておかないと，支出金額の増加につながりかねない。

ここにも前項で説明した主管部門による「購入ガイドの作成」や「支出管理（総量管理）」の施策は有効である。

最近は個人消費でのネットショッピングの割合も増えてきており，その利便性から会社の調達カタログシステムを不満に思っている人も増えている。

時代の流れとしてより利便性の高いカタログを使っていくことには賛成であるが，あくまでも会社経費での支出であり，それなりの管理が必要である。

管理だけではなく，現状の把握も必要である。

前述の文房具カタログなども，使用状況の確認をしたうえで，利便性の高いものに変えていくことが望ましい。最近では働き方のスタイルもペーパーレスやモバイル化が急速に進み，かつて程，購入そのものが減少している。さらに BYOD（Bring Your Own Device：個人の PC や通信機器を業務用に使用する）の風潮から文房具も自分の嗜好性の強いものを使っている。等の状況であれば，利便性の高いカタログ使用であっても支出金額の増加はおきないと判断できる。

利便性の高いカタログの展開時には，並行してデータ分析を行い，主管部門と協業のうえ，必要に応じた追加の支出管理施策をうっていくことで，間接材調達改革の１つとして進めていくことができる。

第 7 章

戦略ソーシングの
進め方

パターン1	主要取引先選定
パターン2	カタログ集約化
パターン3	買い方の変更（Game Rule Change）：分割
パターン4	買い方の変更（Game Rule Change）：分割と統合
パターン5	買い方の変更（Game Rule Change）：管理会社の追加

間接材調達の戦略ソーシングを進めていくにあたっては、まず品目ごとの規模と難しさを比較して、取組みの優先順位を立てるのが効果的である。

ここで言う「規模」は低減予想額が良いが、低減予想額が難しい場合は支出総額を使用する。

「難しさ」はサプライヤー・マネジメントとユーザー・マネジメントがどの程度発揮できているかを2軸で表すことができる。すなわち、その品目に対して、取引先と調達のどちらが優位にあるかがサプライヤー・マネジメント軸、同様に要求部門と調達部門の関係を表すのがユーザー・マネジメント軸になる。

図表7-1がこの例になる。

バイヤー視点から見れば対象品目が左下の象限にあれば、バイヤー主

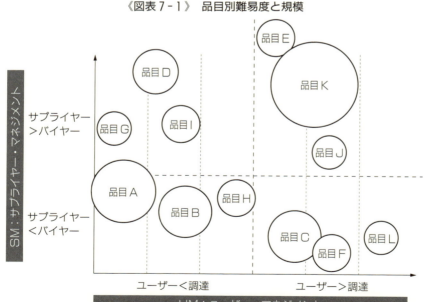

《図表7-1》 品目別難易度と規模

導での価格低減の機会が大きくなるという考えである。

極論すれば他の象限にあるものをどのようにして，できるだけ左下の象限に移動させるかを考えるのが戦略ソーシングであるといえる。

調達のバイヤーと要求部門または主管部門のワークロードや難しさを考慮して，優先順位をつけ，全体としての展開計画を作成し，関係部門の合意を得る。これを円滑に行えるようにするのがユーザー・マネジメントである。

品目ごとのソーシング立案に関しては詳細の支出分析が必要である。**図表7-1**「品目別難易度と規模」では1つの品目を1つのバブルで表したが，品目別ではこれを取引先に分解する。

戦略立案とは本書で繰り返し説明してきたが「仮説」を立てることである。

品目の特性・取引先層別状態・要求元別取引先使用状況・関連業界に関する知識と知見を総動員する。どうしたら現状の状況を変えられるか？　寡占状態を崩すには？　小額取引先を集約するには？　事業部ごとに使っている取引先を共通にするには？　課題は多種多様であろう。データに基づく現状分析を行い，取引先と要求部門それぞれの力関係を変える仮説を立てることが，ソーシング戦略の立案である。

以下にいくつかの典型的なパターンを紹介する。

実際の戦略ソーシングの立案の際にはまずこの典型的なパターンのどれかが適用できないかを考えてほしい。これらを当てはめようと考えることで，新たなパターン，新たな突破口が見つかることを期待している。

パターン1：主要取引先選定

パターン2：カタログ集約化

パターン3：買い方の変更（Game Rule Change）：分割

パターン4：買い方の変更（Game Rule Change）：分割と統合

パターン5：買い方の変更（Game Rule Change）：管理会社の追加

パターン１ 主要取引先選定

　同様な物品・サービスを多くの取引先から購入している状態から主要取引先を選定し，支出を集約させる。

　取引先にとっては選定されればビジネス拡大の機会となる。

　一般に取引先数が多い理由は要求部門の理由によることが多いので，ユーザー・マネジメントが課題となる。

　また戦略展開後も集約しきれないものや強い取引先は残るが，それは次回の課題として継続検討していく。

第 7 章 戦略ソーシングの進め方　　157

《図表 7-2》　パターン 1：主要取引先選定

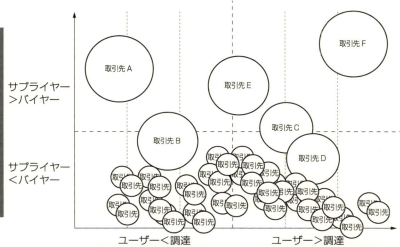

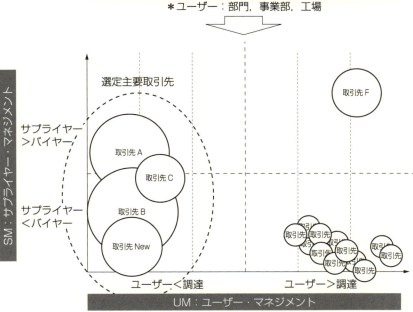

パターン2 カタログ集約化

　現在カタログを使っていればそのカバレージの拡大。未使用であればどの範囲を対象とするかを検討する。

　集約は価格低減のほかに，ユーザーの利便性の向上，都度見積の時間とワークロードの削減の効果がある。

　選定取引先を1社に絞るか，複数社とするかは支出規模と状況による。

　残課題としてはカタログ品目の拡充と都度見積依頼からカタログへの誘導オペレーションなどがある。

第7章 戦略ソーシングの進め方 159

《図表7-3》 パターン2：カタログ集約化

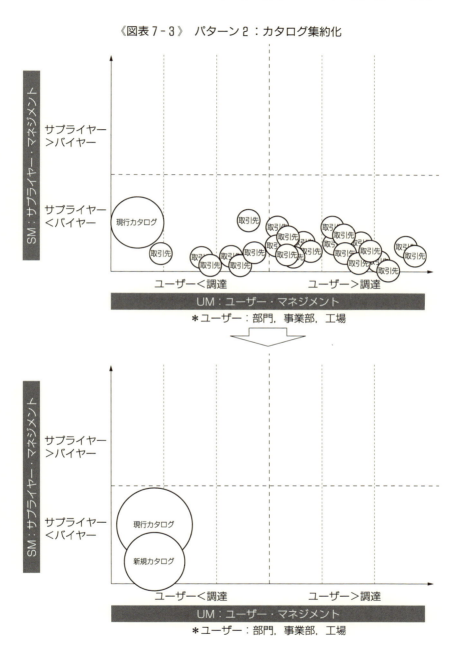

パターン 3 買い方の変更 (Game Rule Change) ：分割

　取引先が 1 社しかいなく，その支出規模が大きい場合，購入内容を精査して，いくつかの小さい範囲でかつ，その範囲であれば競合会社が存在していないかを検討する。ほぼサービスが対象となるが，最近は物品＋サービスの形で提供されている場合もあるので検討対象にはなる。

　競合会社がない場合でも一部を内製化が可能であれば，取引先管理の観点で将来的には競合取引先を見つけることができる状況になるかもしれない。

　逆にサービスが集約化されていることでのメリットもあるので，その影響度の事前分析も重要である。

第7章 戦略ソーシングの進め方　　*161*

《図表7-4》　パターン3：買い方の変更（Game Rule Change）：分割

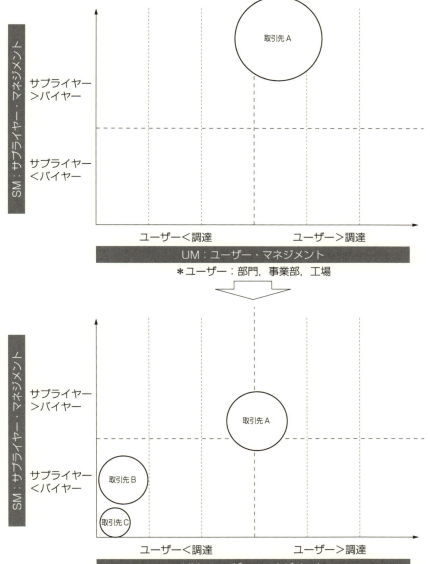

パターン4 買い方の変更 (Game Rule Change) ：分割と統合

　同様の物やサービスを複数の取引先から購入しており，パターン1の主要取引先を使った統合やパターン2のカタログによる統合ができない場合でもなにか共通部分を切り出して，そこを選定した取引先に集約することで全体としての価格低減を得ることができる場合がある。

第7章 戦略ソーシングの進め方 163

《図表7-5》 パターン4：買い方の変更（Game Rule Change）：分割と統合

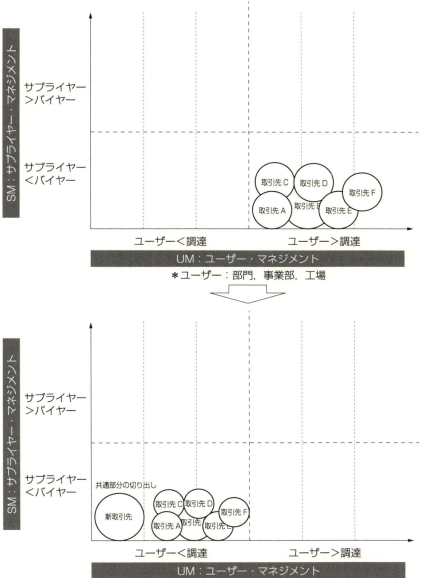

パターン5 買い方の変更（Game Rule Change）：管理会社の追加

　要求元理由からではなく，地域性やニッチスキルといった理由から多数の取引先からの購入となっている場合は管理会社を介する取引に変更することでメリットが出る場合がある。管理会社を類似品目での主要取引先から選定できれば，信頼の置ける管理体制をとれるし，取引先にとってはビジネス機会の拡大となるので，総合的に見て価格低減が見込めるかもしれない。階層（レイヤー）を増やすことでの価格増もあるので，適用に関しては事前精査が必要である。

第 7 章　戦略ソーシングの進め方　165

《図表 7-6》　パターン 5：買い方の変更（Game Rule Change）：管理会社の追加

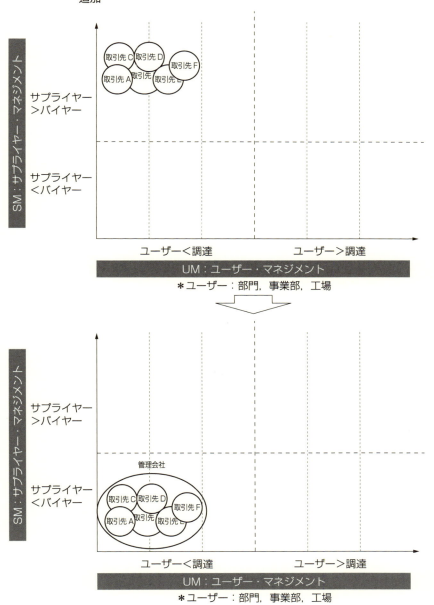

第8章

ITシステムの必要性

1. オペレーション・システム
2. ソーシング・システム

これまでの各章でも説明したが，間接材業務の高度化には優れたITの活用が必須である。この章では，間接材購買業務を支えるITシステムとはどんなもので，それらにどのような価値，効果があるのかについて紹介する。

　昨今，オペレーション・システムとソーシング・システムから構成される調達管理専用のシステム領域で，テクノロジーの進化が目覚しい。2000年頃までは多くの先端企業は，自前でこうしたシステムを構築していた。しかし，2000年以降，調達領域のパッケージが数多く開発されるようになり，かつて先端企業が多くのコストをかけて開発したシステムと同等のものがパッケージで手軽に入手できるようになったのである。さらに，近年では，そうしたパッケージがクラウド化され，さらに手軽にシステムを確立できるようになり，いまや最短6-10カ月で最先端のシステムの導入ができるようになった。こうしてシステムの市場が一気に賑わいをみせるようになったのである。

《図表8-1》 ITシステムの全体像

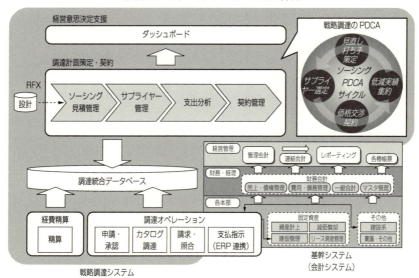

《図表8-2》 ソーシング・システムとオペレーション・システム

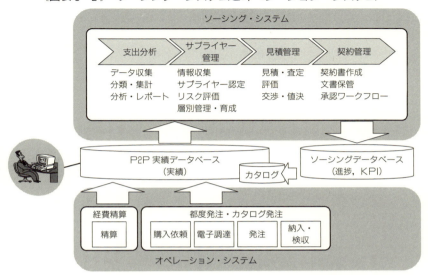

P2P：Procure to Pay（調達から支払いまで）

1 オペレーション・システム

　オペレーション・システムとは，発注依頼から見積・発注・検収，請求の照合までのプロセスに対応するシステムであり，プロセスそのものの効率化のみならず，標準化の推進と社内統制を実現するための重要なツールである。

　オペレーション・システムは4つのポイントで業務遂行に大きく貢献する。これらのポイントは，システムのROIの算出根拠になる。また，こうしたポイントの評価がパッケージの評価基準にもなり得る。

1　システム化による合理化
2　品目分類コードの付与

```
3  充実したカタログ機能
4  ガバナンスツールとしてのIT活用
```

1　システム化による合理化

　これまでマニュアルで行われていた処理をシステム化し，自動化・半自動化することで業務負荷を削減する。また，自動化により業務上のミスも削減できる。調達業務をまだほとんどマニュアルで行っている企業も多く，この合理化だけでも大きな改善余地がある。また，指定されたものだけを購入するように誘導することも可能で，購入品の標準化にも貢献する。この点は，コンプライアンス管理上，重要である。

2　品目分類コードの付与

　これまでの章で触れてきたが，間接材調達改革の成功のためには，"支出の可視化"が必須である。支出を把握するには，発注の段階で正しく分類コードを付与する必要があるが，調達専門のシステムではこの分類コードの付与・維持・管理が容易にできるように設定されている。

　現行のERPなどの発注システムでも発注時にコードを付与することは可能であり，すでにそうした運用を行っているが，多くの場合は，経理費目，または，勘定コードを付与するにすぎず，調達が必要としている品目分類コードを付与しているわけではない。よって，新たに導入するシステムによって，バイヤーが必要とする品目分類コードを付与し，"バイヤーが分析できるレベル（粒度）での可視化"を実現することになる。

　ここで，新システムの導入に合わせ，この品目分類コード体系を新たに設計する必要が出てくる。この体系は事業・拠点共通のものとして，網羅性のあるものでなければならない。このコモディティー（品目分類）

の設計は，きわめて重要である。設計に当たっては，マーケットの属性が近く，かつ，バイヤーが適切に管理できるレベルでの分類を行わなければならない。荒すぎても駄目だし，細かすぎても管理が追いつかない。ある会社では4,000もの品目分類があったが，ユーザーが申請時に適切な品目分類を指定できず，結局，運用できなかった例もある。

　また，この品目分類は，どのプロセスを使ってものを買うのか，その買い方を定義する切り分けにも利用される。通常，調達部門は，ユーザー（要求元）に対して，品目ごとに，カタログ調達，見積申請，請求書払いなど，どの購入プロセスを適応するのかガイドし，統制をかけるが，この品目分類はそうした管理にも使用される。このように購入プロセスを品目ごとにコントロールすることで，バイパス調達のリスクを避け，可視性を高め，確実に統制をかけることが可能となる。

　余談だが，システムの改修，新規導入が難しいという理由で，調達と経理で共有できるコード体系を作ろうとして検討した会社があった。しかし，経理は同一の品目でも購入金額や使用用途でコードを分けることを要求し，逆に，調達が要求する分類コードは経理より細かく，結果的に，共通のものとして定義することは難しかった。この例からもわかるとおり，そもそも用途が異なるので，調達における品目分類は，経理における勘定科目と分けて定義する必要がある。

3　充実したカタログ機能

　集約，コスト削減を進めるにあたり，重要なツールとなるのが，このカタログ機能である。一般物品の購入は可能な限り，カタログに集約していくのが王道だ。このカタログの充実度や使いやすさが，集約に対するユーザーの満足度に大きな影響を与え，プロジェクトの成否を左右する。そのため，カタログ機能がいかに充実していて，ユーザー，システム管理者双方にとって使いやすいか否かが，極めて重要となる。また，

カタログの拡大は，ユーザーにほしいものを探させたり，それを手配したりする手間や時間を短縮して，ユーザーの生産性を向上する。一方，調達部門においては，都度見積の工数を削減し，調達部門の生産性向上にも大きく寄与する。

4　ガバナンスツールとしてのIT活用

　間接材改革を成功させるためには，ITをガバナンスツールとしてうまく使うことが肝心である。ITを使ったガバナンスをしっかり設計しないと，本当の集約は難しいからだ。掛け声と，ボランティア精神に支えられた運用では，低いレベルでの集約しか達成できない。以下，ITが具体的にどのようにガバナンスに効果を発揮するのか解説したい。

(1)　データ登録のコントロール

　サプライヤーを集約するには，システム上でサプライヤーを勝手に登録できないよう設計するのが良い。そのためには，プロセスを変更し，システムでワークフローを管理し，承認ルートを1つに絞るのが手っ取り早い。サプライヤーが増えてしまう原因は，各拠点が独自の判断でサプライヤーを登録するからであり，承認ルートを1つにして，調達部門の承認無しにはサプライヤーが登録できないようにシステムを設計すれば良いのである。

　集約，合理化を進めるには，サプライヤーとトランザクション（支出）を抑えるのが王道である。これまで述べたように，トランザクション，すなわち，支出の可視化はオペレーション・システムで実現する。サプライヤーに関してはERP側，調達システム側と双方にマスターが存在する。この2つをどのように同期させるかも含め，サプライヤーの登録，改廃のプロセスを明確に定義し，運用していくことが重要である。

⑵ 統制プロセスの実現

オペレーション・システムの稼動と同時に，ユーザー統制のかけやすいプロセスを構築することも重要である。現在市場に出回っているパッケージ・システムの中には，世界トップクラスの会社で汎用的に使われているものもあり，統制をかけるための管理ポイントの設定が，ワークフローとして，容易に実現可能なものもある。

2 ソーシング・システム

ソーシング・システムとは，バイヤーのソーシング活動を支援するシステムで，一般的なパッケージでは，ソーシング管理，契約管理，サプライヤー管理の3つの機能から構成される。この3つに加え，支出分析の機能をソーシングの一部とするパッケージ・システムもあるが，支出分析は別のモジュールとするパッケージ・システムもある。ソーシング・システムは効率化のツールであるとともに，調達部門の質の向上，バイヤーの育成を実現する重要なツールである。

●ソーシング管理：

ソーシング戦略の立案（仮説策定・検証・共有）を支援するしくみで，市場調査，戦略策定，サプライヤー候補選定，RFI/RFP/RFQ を利用した評価，サプライヤー採否結果までの各タスクの進捗状況や提案依頼フォームや評価基準の雛形を提供する。

●契約管理：

契約書の作成，保管を支援するしくみで，契約締結までのタスクの進捗状況や基本契約および個別契約の条件や文書を保管する。

●**サプライヤー管理：**
サプライヤーパフォーマンスの評価・管理を支援するしくみで，サプライヤーの経営方針，財務の健全性，取引実績，保有する技術，リスク等の評価を保管・共有する。

　ソーシング・システムは３つの点で業務遂行に大きく貢献する。

　1　サプライヤー情報共有のインフラ
　2　プロセスの徹底およびバイヤーの育成
　3　データの再利用による効率化と質の向上

1　サプライヤー情報共有のインフラ

　サプライヤーを集約するということは，同じサプライヤーを全社横断で共有するということであり，そのサプライヤーに関する情報，品目，価格など多くの情報を全社横断で共有するということでもある。一般的に，バイヤーは組織としては集約されていても，活動拠点としては必ずしも一カ所にまとまっているわけではない。バイヤーは担当する品目，ユーザー，サプライヤーに基づき，利便性の高い拠点で活動するので，通常は，ユーザー部門の近くか，またはサプライヤーの近くに拠点を置くことになる。そうしたバイヤー達が，共同でサプライヤーの管理・評価を行う。そのためには，バイヤー全員が同じ画面で，同じデータを見ながら会話できるインフラが，全社的に必要である。全バイヤーがサプライヤーを共有しているため，それぞれの拠点がサプライヤーとコンタクトした内容と履歴を，他のメンバーも共有し理解する必要がある。これを実現するのがソーシング・システムである。

　並行して，分散した拠点間で，One チームとして共同でサプライヤー

の評価を行うためのルール作りや，評価水準のすり合わせなども行う必要がある。こうした One チームでの組織体制を，我々は"品目別ソーシング戦略グループ"と呼んでいる。品目別ソーシング戦略グループ設計は，このシステム設計の上位にある概念であり，実際のシステム構築よりさらに重要である。品目別ソーシング戦略グループの内容については，「第5章　調達部門の組織編制」の中で詳しく解説している。

　システム構築後は，サプライヤーの評価，育成を各拠点が連携して進めていくのだが，実際に進めていくと，拠点，担当者ごとに評価にバラツキが発生するのが常だ。そこで，情報共有のインフラができあがったうえで，評価基準も標準化していく必要が出てくる。A 拠点の X さんはいつも甘めの評価，B 拠点の Y さんはいつも厳しめの評価，というような格差があるようでは，適切な議論・判断ができない。よって，評価の基準を文書化し，それを運用しながら，各拠点で基準を共有し，バラツキの生じない評価体制を作り上げていくプロセスが必要となる。これは，システムの導入後に発生する，重要な改革の1つである。通常，システムの導入に合わせ基準レベルを定義するが，最初は各拠点バラバラのランク付け（評価）となるだろう。それを，品目別ソーシング戦略グループリーダーを中心に，すり合わせを行う。そうしたすり合わせを，評価結果を見ながら定期的に進め，全体のレベルを合わせていく。最初は基準にバラツキがあっても，こうしたことをきちんと実施していけば，早ければ1年,遅くても2年後には,評価基準が一定の範囲内に収まってくる。

　また，こうした評価基準の安定化は，ユーザーからの問い合わせに対して，エビデンスに基づいた適切なフィードバックが行えるようになるという点で，重要である。サプライヤーに問題があり，変更する場合，時としてユーザー側と大きな議論になることがある。そうした際に，これまでの履歴や，そこに至った決定プロセスを正確に説明できるという点においては，明確な評価基準の存在は非常に価値がある。ユーザーか

ら，不要な疑いをかけられたり，不必要な議論をすることも避けられる。

こうしたことをより効果的に進めるために，サプライヤーの評価結果やそれに対するアクションを，常にダッシュボードなどでユーザー（要求元）に公開することにより，普段からユーザーとの信頼関係を確立しておくことも重要である。これは調達部門のアカウンタビリティ（Accountability/説明責任）と言えるだろう。

2　プロセスの徹底およびバイヤーの育成

近年，急激なグローバル展開により，サプライヤーが世界各国に分散した。こうした中で，世界中のサプライヤーから，ベストな物を調達する必要がある。また，事業の海外展開が急速に進んでいる状況下で，海外でも日本と同様の調達，サプライヤー管理が求められるようになった。

サプライヤーの海外比率は急速に上昇し，現在，特に新興国でのバイヤーが急増しており，彼らの育成および海外における業務品質の向上が，重要な問題になってきた。これまでは，彼らを育成するために多くのマニュアルを作ってきたわけだが，いくら紙のマニュアルを作っても読むだけで，運用が徹底されなければ意味がない。正確なルールに基づく運用の徹底を，グローバルに，異文化のメンバーに対してもすばやく進める有効な手段が，システムの活用なのである。

マニュアルに基づいたシステムを作る。そして，それを使わせることで業務の質を向上させる。これこそが，システム導入のメリットである。そもそも，サプライヤー選定やバイヤー育成におけるトラブルは，すべき作業を面倒と思って省いたり，正しく理解しないでプロセスをスキップしたときに起こる。そうしたことが起こらないように，必要なプロセスをシステムに埋め込み，すべきことをしないと次のステップにいけないように，ワークフローの管理を行うことが重要なのである。これはソーシング領域に限らず，オペレーションのプロセスでも同じだ。

第 8 章　IT システムの必要性　*177*

　トラブル回避，業務品質の向上を補完するために，システムの中を定期的にチェックし，きちんと業務を回していることをリモートでモニタすることも可能となる。その際，運用に問題があれば，適宜指導・教育を行う。そうした PDCA を地道に仕掛けていくことで，全社的にバイヤーの質を向上させていくことができる。ソーシング・システムは，こうした側面からも，有用なツールでもある。

　海外展開の事例を先に述べたが，間接材調達部門を新規に立ち上げる際も，全く同じことがいえる。これまで異なる評価の下，別々の仕事を行ってきたメンバー，あるいは，新しく採用される社員を集めて組織を立ち上げる場合，立ち上り 1 ～ 2 年はいろいろな混乱が発生することが予想される。そうした集団をうまくまとめ，均質化していくのがこのツールである。システムを活用したプロセス・コントロールであり，業務の標準化である。

3　データの再利用による効率化と質の向上

　システムに多くのデータが蓄積され，それを再利用することで業務を効率化し，さらに，より高度なものへと導くことができる。

⑴　経験の再利用。アセット化による合理化と質の向上

　契約やサプライヤーとのやりとりにおいて，過去の履歴が参照でき，かつ，それらを元に雛形が作成できるため，合理化と質の向上がはかれる。

⑵　過去の履歴からのデータ考察

　すべての拠点におけるこれまでのサプライヤーとの交渉履歴，価格，品質，市況と価格の関係などが蓄積されていくので，そのデータを元に分析を行い，今後のサプライヤー戦略，サプライヤーとの交渉戦略などを立案することができる。

第 9 章

プロジェクト管理

1. 調達改革の立ち上げ
2. 支出分析でプロジェクト ROI を説明
3. 調達基盤の目指す姿を描く
4. プロジェクト活動の推進

1 調達改革の立ち上げ

1 企画時のポイント

　序章で間接材について定義したように，間接材には事務用品や出張経費なども含まれるため，全部門，全社員が何らかの形で関係する。事務用品のようにコア業務（企業の売上を直接生み出す業務）への影響が小さい品目は調達部門主導で買い方を変えることは可能だが，出張旅費（旅行代理店，エアチケット，ホテルなど）の買い方を変えるためには出張規定を管理する人事部門との調整が必要になるし，開発・製造業務委託のようにコア業務への影響が大きい品目であれば，開発部門や生産部門の理解を得ることが必要不可欠となる。このように間接材調達改革は多くの社内関係者の理解と協力がなければ推進することは困難であり，まずは全社的な活動として承認されることが重要なステップとなる。

　全社的な活動として承認されるための手続きは会社によって異なるが，一般的には取締役会などの各部門の役員が出席する会議で承認されることが多い。改革の狙いは間接材支出の全社最適であり，総論として反対する部門はいない。しかし，期待どおりの効果を実現するためには今の買い方を変える必要があり，現場からすればこれまでの自由な買い方を制限されるように感じる。そのため，十分な理解を得られない状態で役員レベルで承認されてしまうと，改革の途中で現場から反対の声が上がり，その声に押されて当初は賛成派であった担当役員も反対派に変わってしまうことも少なくない。

　そのため，間接材調達改革の企画段階で，聞こえのよい「全社最適」だけでなく，関係部門がどう変わるのか，どう変わらないといけないのかをイメージできる程度まで具体化し，そのうえで各部門の役員レベル

での合意形成を得ることが非常に重要になる。

2 企画書の構成

企画書には次の3つの要素が含まれるべきである。

---

(1) 経営貢献
(2) 調達基盤（戦略，組織，ルール，システム）の目指す姿
(3) 必要なリソースと投資額

---

(1) 経営貢献

経営貢献には大きく「コスト削減」と「コンプライアンス担保」がある。ここでのコンプライアンスは法令や社会的規範（不正）などの遵守を意味し，企業活動を継続するうえでは必要不可欠な要素であるが，一方でコンプライアンス担保だけを目的に大型案件の投資判断を得ることは難しい。そこで，定性的な貢献として「コンプライアンス担保」を訴求するとともに，定量的な貢献として「コスト削減効果」を示すことが必要になる（コンプライアンス担保の効果もリスク評価によって定量化することも可能だが，確率の概念が含まれるため直感的に効果を訴求することが難しい）。

(2) 調達基盤の目指す姿

調達基盤として具体化すべき要素には「方針・戦略・ルール」，「組織・人材」，「プロセス・システム」がある。方針（目指す方向）を定め，それを実現するための戦略・ルール（規則）を設ける。ルールを浸透させるための組織とプロセスを設ける。組織運営に必要な人材（スキル）を定義する。プロセスの遵守と効率性を実現するためのシステムを設計す

る。これら全ての要素を関連づけて説明することで，間接材調達改革で何をしたいのか，その結果，日々の購買活動がどう変わるのかを効果的に伝えることができる。

目指す姿を描くアプローチにはボトムアップとトップダウンがある。既存の取組みと整合させる場合はボトムアップアプローチが有効だが，間接材調達はこれまであまり注目されていなかった領域であり，既存の取組みとの整合は重要でないことが多い。加えて，間接材調達の目指す姿は業界や企業の特性にあまり依存しないものと考えているので，現状分析にあまり時間をかけることなくトップダウンで目指す姿を描くことを推奨する。

⑶ 必要なリソースと投資額

間接材調達改革は4つのチームで推進されることが多い。

⑴ 企画・全体管理チーム：改革の企画，全チームの進捗管理，課題調整
⑵ 戦略ソーシングチーム：品目別調達戦略（コスト削減施策）の実行
⑶ オペレーションチーム：戦略に従って日々の調達案件の実行
⑷ システム導入・運用チーム：システム導入・改修，保守運用

これから間接材調達改革に着手する会社において，ナレッジも含めて全リソースを自社で用意することは難しいのではないだろうか。間接材という特性を考えると外部リソースの活用も念頭にリソース配置を検討してはどうか。

3　企画書構成要素の検討方法

トップマネジメントに改革の全体像を効果的に訴求できるように，企

画書の構成案を 3 要素に整理したが，実際の検討の流れは「プロジェクト ROI を説明する定量情報」と「目指す姿を説明する定性情報」の 2 つにまとめられる。

以降では，プロジェクト ROI の説明に必要な「(1) 経営貢献（コスト削減額）」と「(3) 必要なリソースと投資額」は支出分析によって算出し，「(2) 調達基盤の目指す姿」は調達成熟度分析を用いた方法を解説する。

2 支出分析でプロジェクト ROI を説明

支出分析と聞くと調達実績をさまざまな軸で分析して支出削減や業務改善の機会を見つける作業をイメージされると思うが，企画段階における支出分析ではコスト削減余地や必要なリソース（人数）などの規模感を推計することが目的になる。

企画段階では購入品目名，仕様・型番，単価などの調達実績が存在しないことが多く，支払のための最低限の情報が記録された経理データを対象に支出分析せざるを得ないことがほとんどである。分析対象をグループ会社まで拡大する場合は，各社ごとに経理データのフォーマットが異なり，分析はさらに複雑になる。

本章ではこれから間接材調達改革を企画する会社を想定し，企画段階での支出分析の進め方を解説する。

1　企画時の支出分析の目的

コスト削減余地については，序章で述べた売上高に占める間接材支出とコスト削減余地の考え方を再掲する。

（モデルケース）

① 売上高：3,000億円

② 間接材支出：600億円 （①×20%）

③ 交渉可能支出：300億円 （②×50%）

④ コスト削減余地：30億円 （③×10%）

　モデルケースでは売上高比率で間接材支出額を試算したが，実際には調達データや経理データなどの実際の支出を記録したトランザクションデータを集計することで間接材品目ごとの支出額を把握する。

　品目別の支出額が把握できれば，明細データに含まれるサプライヤー名称や起票者が自由記述で入力した支出内容などを確認しながら品目ごとの交渉可能な支出比率を決定する。しかし，経理データに含まれる情報は限定的であり，その情報だけでは正確な交渉可能支出比率を把握することは難しい。また，交渉可能支出比率は，どこまで劇的に買い方を変えるか，統制するかの改革意志の強さにも依存するものであるので，企画段階でこの部分を精査してもあまり意味がない。

　コスト削減余地は弊社のこれまでのコンサルティングやアウトソースでの支援実績を参考に試算することができる。コスト削減率は企業の成熟度に依存するものであり，弊社の実績も幅をもって記載しているので，自社のこれまでの取組み実績および成熟度を考慮して目標削減率を決定いただきたい。

2　分析データの対象範囲

　分析の対象データは，本来は調達データが望ましいが，実際には経理データを対象にすることがほとんどである。

　調達データは品目カテゴリや単価などが含まれており，より正確に分析することができるが，これから間接材調達改革を実施する会社におい

て，間接材全体支出における調達データのカバー率は極めて限定的である。

　分析目的は全社規模の調達ボリュームを活用したコスト削減余地であるため，全支出を網羅していることが重要であり，経理データを対象にすることがほとんどである。

　分析対象範囲は全社規模にすべきである。これまでにお話させていただいたお客様の中には，調達部門の権限で全社の経理データを取り扱うことが難しいと仰る方もいたが，最終的には社内関係者と調整いただき，全社分の経理データを分析対象にしている。この段階で全社分の経理データを入手できないほど抵抗があるのであれば，これから先の活動に対する理解と協力を得るのは到底難しいだろう。

　なお，季節性を確認するためにも，経理データは1年分を対象にすべきである。

3　分析データの整理

　経理部門に経理データの抽出を依頼することになるだろう。経理データには間接材調達に該当する外部取引先への費用だけでなく，さまざまな仕訳データが含まれている。たとえば退職手当や出向者差額補填費用といった社員給与に関連する費用や，科目・負担課振替や減価償却費などである。これらを除外して，本当に外部取引先へ支払われている費用のみを対象にしないといけない。

　経理データといっても，さまざまなフィールド（データ項目）が含まれる。何を買っているかを特定するための情報は必須であるが，それ以外に「いつ」，「どの部門が」，「どのシステム経由で」購入しているかが把握できると，今後，実施することになる施策検討の際に役に立つ。以下に最低限，経理データから抽出すべきフィールド名を列挙する。

　複数のデータセット（特定システムのトランザクションデータの集合

《図表9-1》 経理データから抽出すべきデータ項目

何の用途（品目）で		何を	誰が		いつ	どこから	いくらで	いくつ	合計支出	どのシステムを経由して
勘定科目	補助勘定・品目等	摘要・備考など	購入部門	（発注部門）	取引日	仕入先・支払先	（単価）	（数量）	金額	伝票番号・伝票区分等
通信費	電話料	7月分の携帯電話	IT企画		YYYY/MM/DD	ABC通信	5,304,000	1	5,000,000	XXシステム
事務備品費	オフィス什器	応接1のテーブル	総務1課		YYYY/MM/DD	DEF販売	54,000	2	100,000	

体）を統合する場合は，データセットの関連性に注意が必要である。必ずIT部門や経理部門にシステム全体像を確認し，データに重複がないか検証する必要がある。

4 品目カテゴリの付与

経理データは通常は品目カテゴリ情報を持っていない。そこで「摘要・備考」と「仕入先・支払先」から品目カテゴリを類推する。品目カテゴリをどこまで細分化するかは，以下の2点を参考に決定すればよい。

⑴ トランザクションデータの情報量

たとえば摘要欄に「人材派遣費用X月分」と記載されたトランザクションデータの場合，この情報だけでは技術・製造・事務系などの詳細分類まではわからないが，「○○設計支援の人材派遣費用X月分」と記載されていれば技術系人材派遣と類推することができる。自社の経理データにどれだけの情報量が含まれるかを判断し，分類可能な粒度の品目カテゴリを設定する。

⑵ 品目特性および物品・サービスを提供するサプライヤー群

同じ人材派遣の例でいえば，技術・製造・事務系のそれぞれで品目特

性およびサプライヤー群は大きく異なる。たとえば事務系派遣に対して技術系派遣は専門的なスキルが必要とされる場合が多く，派遣社員を切り替えることの難しさが全く異なることは容易に想像できるだろうし，技術系と事務系では主要サプライヤーの顔ぶれも大きく異なる。その結果，取るべきソーシング戦略も全く異なる内容になるため，可能な限り別のカテゴリとして分類すべきである。

作業上の注意点として，もし複数人で品目カテゴリを付与する作業を分担する場合，品目カテゴリを細分化しすぎると，作業者に求められる分類基準への理解が高くなり，分類結果の精度が悪化してしまう恐れがある。作業者の品目への理解度と，企画時に求められる分類精度のバランスを考慮して，適切な粒度の品目カテゴリを設定することが望ましい。

5　機械学習の活用

会社規模に依存するが，売上高3,000億円規模のお客様で1年間の経理データのトランザクション数は数万～数十万になる。売上高が増えればトランザクション数は数百万規模になることもある。

作業自体は複数の情報を参考に適切な品目カテゴリを判断するだけの単純な作業ではあるが，単純なルール化が難しく，なかなか自動化することができない領域であった。そのため，かなりの工数を要して対応していたが，単純作業の繰り返しで集中力の維持が難しく，同一作業者であっても朝と夜で分類基準がずれてしまうなど，精度面でも課題があった。

しかし，近年の AI 技術の進歩により，この領域においても半自動化が可能になっている。弊社がお客様をご支援する際には AI の機械学習を利用することで，従来と比較して工数を約70％削減することに成功し，分類基準のバラツキなどの精度面の課題も解消することができた。

調達システムが導入されて100％利用が徹底されれば，経理データに品

目カテゴリを付与する作業は必要なくなる。しかし実際は，利用率を向上させるために定常的に経理データをモニタリングし，間接材品目が購買システムを経由せずに発注されている案件（調達バイパス案件）を特定する活動が必要である。お客様の中には，このモニタリング作業を派遣社員を雇って実施していることがあるが，この技術を用いることで劇的に工数を改善することができる。

6　コスト削減余地の算出

コスト削減余地は支出分析から得られた品目ごとの支出に，交渉可能支出比率とコスト削減率を乗じることで試算できる。コスト削減率はこれまでの取り組み状況，現行の契約単価によって決まってくる。一方の交渉可能支出比率は，たとえばグループ会社への支出を対象にするかどうかでかなり変動するように，会社方針によって大きく変動する。

企画の段階でこの2つの係数を正確に把握することは困難なため，まずは過去実績や他社事例を引用することになるが，その数字がどこまで聖域なく改革する覚悟を持った数字であるかを理解しておくことが重要である。

7　ソーシング計画の立案

ソーシング計画で考慮すべき4つの要素を列挙する。

> (1)　目標コスト削減額
> (2)　アサイン可能な戦略ソーシングバイヤー人数とスキルセット
> (3)　調達基盤の整備状況
> (4)　品目別取組み難易度

(1) 目標コスト削減額

コスト削減は間接材調達部門の最もわかりやすい経営貢献であり，経営計画の期間に整合させることが望ましい。たとえば中期経営計画であれば 3 〜 5 年間の累積と各年度の目標コスト削減額を決めることになる。トップダウンで決められることもあれば，前項で特定したコスト削減余地を参考に積み重ねた数字と調整することもあるだろうが，まずはこの要素が最優先で考えるべきである。

(2) アサイン可能な戦略ソーシングバイヤー人数とスキルセット

次はアサイン可能な戦略ソーシングバイヤー人数とそのスキルセットについて考える。戦略ソーシングバイヤーの人数とスキルセットによって同時にどれだけの品目に着手できるかが決まる。

もし初年度から高い目標コスト削減額が設定されているならば，十分なスキルを有する戦略ソーシングバイヤーを複数名アサインしなくてはならない。社内でリソースを確保できれば良いが，それが難しいのであれば外部リソースを活用することも考える必要がある。

(3) 調達基盤の整備状況

調達基盤が整う前であっても戦略ソーシング活動に着手することは可能である。これから間接材調達改革を始める会社であれば，調達システムやオペレーション体制を整えるのには数カ月を要するが，戦略ソーシングは人手をかけて分析をすればすぐにでも活動を開始することが可能である。

戦略ソーシングを先行着手する場合，調達システムやオペレーション体制がない中でどうやってコア取引先への集約を徹底するかを考える必要がある。コア取引先を選定したが，調達システムやオペレーション体制といった統制手段がなく，結果として全く利用されていなかったとい

うことも十分に起こりえる。

⑷　品目別取組み優先順位

　品目の取組み優先順位の考え方はいくつかある。最も一般的な優先順位づけの方針は「期待効果」と「難易度」による評価だろう。期待効果はコスト削減額の他に，必要に応じてコンプライアンス観点などを加えてもよい。難易度は「難しさ」を複数の要因（たとえば関係部門数，品質への影響など）に分解し，それぞれの評価基準，重み付けを調整することで，定量化することができる。初年度から高い目標コスト削減額が設定される場合は，「難易度」の考慮の余地は小さいかもしれないが，アサインするバイヤーのスキルセットによっては「難易度」を適切に評価することが重要である。

8　必要なリソースと投資額の算出

　プロジェクトを推進するうえで4つのチームが必要になる。

---

(1)　企画・全体管理チーム：改革の企画，全チームの進捗管理，課題調整
(2)　戦略ソーシングチーム：品目別調達戦略（コスト削減施策）の実行
(3)　オペレーションチーム：戦略に従って日々の調達案件の実行
(4)　システム導入・運用チーム：システム導入・改修，保守運用

⑴　企画・全体管理チーム

　企画案を取りまとめたメンバーがそのまま担うことになるだろう。主な役割はプロジェクト推進時のさまざまな課題への意思決定や戦略ソーシングチームやシステム導入チームなどの複数チーム間の調整がある。

(2) 戦略ソーシングチーム

　自社内で適切なスキルセットを有する人材がいなければ，外部リソースの活用を考える。社内人材の育成という選択肢もあるが，育成に必要な時間やメンバーのキャリアパスを考えたときにそれがベストな選択肢になるかよく考えるべきである。

(3) オペレーションチーム

　戦略ソーシングによって選定されたコア取引先が実際に利用されることで，コスト削減効果は初めて現実になる。調達システムを導入すれば調達実績を可視化することはできるが，調達実績を事後に分析して対策を立ててもコア取引先の利用率を高めるには長い時間を必要とするし，利用率も早いタイミングで頭打ちになる。

　これに対し，弊社では調達システムとオペレーションを組み合わせる

《図表9-2》　調達システムとオペレーション体制の必要性

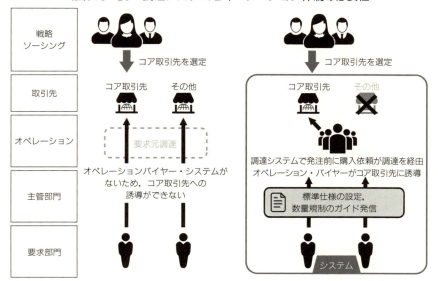

ことでコア取引先の利用率を高め，戦略ソーシングのコスト削減効果を確実に実現させることを勧めている。

オペレーション体制として必要なリソース（要員数）は支出分析の結果を用いて算出する。支出分析の結果から品目ごとの発注件数を把握し，各品目に応じた調達プロセスとその所要時間を考慮することで必要な要員数が試算できる。

⑷ システム導入・運用チーム

最初に考えるのは直接材調達システムに間接材調達プロセスを組み込むことだろう。しかし，間接材調達はプロセスが多岐にわたり，かつユーザーが多数であるため，直接材調達システムでは対応しきれないことが多い。

最近では国内，海外ベンダーともに SaaS 型の間接材調達システムを提供しており，以前に比べて導入期間が短くなり，導入費用も安価になった。SaaS 型であれば，年間のトランザクション数と周辺システムとの連携を整理すればベンダーに概算費用を見積もってもらえる。

3 調達基盤の目指す姿を描く

1　目指す姿を具体化する重要性

なぜ目指す姿を具体化する必要があるか。間接材調達改革は全社員・全部門が関係者・関係部門になり得る。全部門に対して活動に対する理解を得る必要があり，そのためには間接材調達部門がどう変わり，自分たちにどんな影響があるかを具体的にイメージできることが重要になる。

2 目指す姿の検討アプローチ

　漠然と目指す姿を議論しても具体化していくことは難しい。そこで，これまでの章で説明してきた各要素について現状と目指す状態を議論することで，目指す姿の全体像を作っていく。その際の現状と目指す状態のギャップを埋めるために必要なアクションが施策になる。目指す姿には時間軸と具体的な目標を設定することで，活動の進捗を測定可能にしておくことが重要である。

　前述したようにあるべき姿は業界によって大きな違いはないと考える。出張旅費や清掃，警備といった間接材は企業活動を維持する際の必要経費が主な支出であり，その管理方法は業界特性にあまり影響されない。そのため，目指す姿を議論においてはテンプレート・アプローチが有効だと考える。

　弊社では自社の調達改革経験や他社へのコンサルティング経験をまとめた知見・アセットが蓄積されており，その一つに調達業務成熟度分析ツールがある。調達業務成熟度分析は，15,000件以上の実施データに基いて調達業務の実施状況を分析する。この分析ではこれまで説明してきた各要素をもう少し詳細に分類した8つの領域（戦略・組織・サプライ

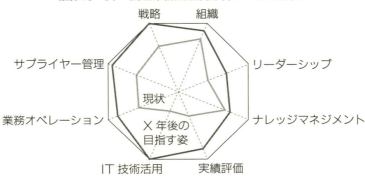

《図表9-3》　調達業務成熟度分析ツールの切り口

ヤー管理・リーダーシップ・業務オペレーション・ナレッジマネジメント・IT技術活用・実績評価）に対して「現状」と「X年後の目指す姿」を採点する。

　点数自体はあまり意味を持たないが，各切り口・各点数ごとに定義されている詳細な状態は，現状と目指す姿を議論するうえで大いに参考になる。切り口ごとの目指す状態がイメージできれば，その状態に繊維するために必要なアクション（施策）を具体化するのはそう難しくない。

3　目指す姿に向けた調達部門全体計画の立案

　必要な施策を抽出したのちは，各施策の関係性を考慮して取組み順位を決めればよい。たとえばサプライヤー管理のためには実績評価が必要であり，実績評価のためには日々の実績を蓄積できるシステムが必要であるように，各施策は何らかの関係性を持っている。一方で，品目を限定して施策を実施するのであればシステムがなくても運用ルールで実施するなど，取組みの順番を変えることは可能である。改革の過渡期においては短期的な効果をトップマネジメントに示しつつ，長期的な調達基盤の整備への活動を維持させるバランス感覚が必要である。

4　プロジェクト活動の推進

　企画案が承認されれば，プロジェクトチームが正式に発足して活動開始となる。

　プロジェクト活動を推進する過程の課題は会社によってさまざまであるが，間接材調達部門が単独で解決できることはそう多くないというのが実感である。

　これまでにも何度か触れているが，間接材調達は全部門，全社員が何らかの形で関係しており，トップマネジメントの支援なくして改革の推

進はあり得ない。特に改革に着手し始めた段階での間接材調達部門のプレゼンスは決して高くなく，現場間で合意形成を図っていては改革は遅々として進まない。結果として要求部門の抵抗が少ない品目だけの取組みに終始してしまい，プロジェクトメンバーからも改革への思いが冷めてしまう。

　よく小さな成功を積み重ねて大きな活動につなげるという議論になるが，小さな成功の中にもトップダウンで現場の抵抗を突破しなければけない場面は必ずある。もしくは，そのような場面を敢えて組み込むことが重要である。

　ある会社では調達システムと調達オペレーションが同時稼働するまでは週次でステアリングコミッティーが開催され，さまざまな課題への意思決定が迅速になされた。これはまさにトップマネジメントが本気で改革するというメッセージを発信することにほかならない。全てをトップダウンに頼っては元も子もないが，本気で改革を推進させるにはトップマネジメントの覚悟を示し，発信していくことは必要不可欠である。

第10章

プロジェクト費用

1　システム関連費用
2　業務関連費用

プロジェクト費用は，どんな改革を目指すか，現状どの程度の能力を持つか，そして，それを実現するためにどこまで外部の力を借りるかにより，数億円から数十億円にまで大きく幅がある。また，外部化/アウトソーシングも含めてプロジェクトの費用を検討するのであれば，効果も大きくなるが，その費用もさらに大きなものとなる。したがって，単純なモデル試算は難しい。そのため，モデルケースの試算をするのではなく，費用にはどんな項目があり，それらの項目の費用を試算する際のポイントについて解説をしたい。

項　　目			詳細項目	費用に大きな影響を与える要素
1．システム関連	パッケージ・システム	1）	初期ライセンス費用年度ごとのライセンス費用	・発注件数，総支出額 ・バイヤー数
		2）	調達プロセスの設計費用	・調達プロセスの設計スキル ・内製化/外部化の判断
	外部システム	3）	関連システム開発/改修費 各種インターフェイスの開発費	・現行システムの状況 ・内製化/外部委託の判断
	保守・運用費用	4）	保守・運用費用	・自社運用/外部委託の判断
	ハードウエア	5）	各種ハードウエア	・自社資産/クラウド化の判断
2．業務関連	業務改革	6）	業務改革推進費用	・カルチャー変革への受容度 ・外部知見の必要性
	プロジェクト管理	7）	プロジェクト管理	・全社プロジェクトの推進スキル ・外部知見の必要性
	戦略ソーシング	8）	戦略ソーシング・バイヤーの費用 戦術ソーシング・バイヤーの費用	・現状のソーシング・スキル ・自社運用/外部化の判断
	オペレーション	9）	オペレーション・バイヤーの費用	・センター設立 ・自社運用/外部化の判断

1 システム関連費用

　これは，現状がどの程度の IT の完成レベルにあるかによって大きく異なる。改革には支出の可視化が必要であり，IT インフラの整備が必要である。最低でも発注オペレーションに対するシステム投資が必要である。このほか，ソーシング・システムやダッシュボードの確立，そして，関連するシステムの改修が必要になる。さらに，システムの導入や改修を自社で行うか，または外部化するか，それによっても総費用が大きく異なってくる。

1）システムのライセンス費用

　パッケージによって違いがあるが，多くの場合，システムで扱うトランザクションの件数，バイヤー数や総支出額から決定される。第 9 章の「プロジェクト管理」で説明をしているが，これらの数字があれば，ベンダーに概算費用を見積もってもらえる。

2）調達プロセスの設計費用

　目指す姿を正しく設計できるかどうか，最先端のあるべきプロセスを知っているメンバーがいるかどうかが，非常に重要になる。最近のパッケージは有能で，ユーザーが希望するたいていのプロセスは設計できてしまう。現状のプロセスをそのまま置き換えてしまうようなことも可能である。しかし，現状のプロセスをシステムに置き換えることが目的ではない。重要なのは，調達統制のための最適なプロセスを IT で実現することである。そのためには，ボトムアップで世界標準を知らない人達が議論していてもだめだ。ベストプラクティスを知っている人が適切に設計をしないといけない。単なるプロセスの定義だけではなく，それを運

用するための新業務ルールやそれに伴う新しい役割や責任，義務や権限などにも精通していないといけない。この設計を間違えると，プロジェクトの効果が大きく減少してしまう。したがって，このスキルが不充分であれば，ここだけは費用をかけてでもスキルを確保する必要があると思う。

3）関連システムの開発/改修費，各種インターフェイスの開発費

ダッシュボードなどの外部システムの開発費用。そして，新たな調達システム導入を受けて改修を必要とされる既存システムの改修費用。新しい購買システムとデータの受け渡しを行う既存の経理システムやERP システムとのインターフェイス開発費用である。

4）保守・運用費用

保守・運営費用は，前述の 1）から 3）の概要が決まれば，試算できるであろう。

5）ハードウエア

自社資産でハードウエアを揃えるのか，それとも，クラウドを活用するのか，検討が必要である。

2 業務関連費用

業務関連の費用を正しく試算するには，ゴールへ向かうロードマップに基づき，費用を計算していくのが有効である。そのためには，ゴールイメージを明確に定義し，現状業務の成熟度やスキルを正しく見極め，その GAP 分析や対応策の検討がしっかりと出来ていることが重要である。ここで変革のロードマップが不充分だと，後々，追加費用が発生し，

プロジェクトが迷走する。

6）業務改革推進費用

間接材プロジェクトに合わせて，会社のカルチャー変革が必要である。トップマネジメントの強力なリーダーシップの下，変革を進めていくが，かなり大変な作業である。こうした変革が比較的簡単に進む企業もあれば，なかなか進まない企業もある。自社の変革受容度を考慮した計画を作成し，それに基づくコスト試算が必要である。

7）プロジェクト管理

間接材調達改革は，新組織の立上げ，カルチャー変革，新プロセスとシステムの導入，新たなソーシングとオペレーション機能の稼動と全社規模の大きなプロジェクトである。そのため，その全体のプロジェクト管理も非常に重要で，かつ，複雑である。自社のプロジェクト管理能力を見極め，必要な手当てを行っておく必要がある。

8）戦略＆戦術ソーシング・バイヤーの費用

戦略＆戦術ソーシング・バイヤーの確保，育成に関する費用。社内の統合が不十分であっただけで，バイヤーが揃っていれば大きな問題はない。しかし，これまでに会社として取り込んで来なかった品目が多くあり，新しい間接材機能を立上げたとしても，当初はいくつかの品目においてはそのノウハウを持っていないことが考えられるならば，何らかの対応策を考えないといけない。品目ごとに優先順位を付け，社内で時間をかけて人材を育成していくのか，それとも，費用をかけ短期間に専門化集団からノウハウを入手する事を検討するのか。そうしたスキル育成・獲得のロードマップを作成し，それに基づいた費用確保を行わないといけない。

9）オペレーション・バイヤーの費用

オペレーション・バイヤーの人件費・運営費に，センターを確立する場合は，センター確立の費用も含まれる。

こうした一連の作業は，自社で進めることも可能であるし，外部の力を借りて進めることも可能である。一部機能のみ外部を活用するという企業もあれば，組織立上げのサポートからシステム構築，その後の間接材の運用までを含めてすべてを外部化し，自らは社内の統制管理のみに特化するという企業もある。

ある製造業のお客様は，間接材の改革は急務であったが，一方，間接材は彼らにとってコアな業務ではなく，より多くの人材を直接材に投入したいとの考えを持っていた。だから，間接材の統制管理の機能のみを自分達で運営し，それ以外の間接材業務，ソーシングやオペレーション，システムの導入と運用，ほとんどの業務の外部へのアウトソースを決断した。こうした場合は，通常の間接材プロジェクトの費用と言うよりも，アウトソースのプロジェクトとして ROI を検討していくことになる。

《執筆者紹介》

田村　直也
パートナー

PwC コンサルティング（現：日本アイ・ビー・エム）入社。経理財務・購買トランスフォーメーション部門のリーダー。間接材調達改革構想策定からその実行，戦略ソーシングおよび調達オペレーション業務のアウトソーシング，間接材調達システム導入などのプロジェクト責任者。また，経理財務領域におけるコンサルティング経験も長く，近年は購買，経理財務，人事を中心とした間接部門業務改革の全体責任者としてプロジェクトを推進。

毛利　光博
アソシエート・パートナー

製造業，外資系コンサルティング会社を経て日本アイ・ビー・エム入社。ロジスティクス，サプライチェーン領域の責任者を務めた後，現在は間接部門業務改革を推進。これまで多くの調達改革に従事し，直接材および間接材改革，人材育成，アウトソーシングまで調達領域を広く支援。上流から下流まで幅広いプロジェクト経験を持ち，グローバル展開プロジェクト経験も豊富。

梅田　光男
エグゼクティブ・コンサルタント

日本アイ・ビー・エム入社後31年の購買実務経験を持つ。1995-97年は IBM グローバル購買プロセスの構築とアジア地域展開を担当。2001-11年は関連子会社の集中購買化，IBM 社内事業部との連携を推進するクライアント購買ならびに購買企画部門の責任者として調達改革を推進。2011-18年のお客様向け IBM 購買サービスのバイヤー部門の責任者を経て，現在はお客様の購買改革支援に専任。

山崎　周一
シニア・マネージング・コンサルタント

IBM ビジネスコンサルティングサービス（現：日本アイ・ビー・エム）入社。入社後一貫して調達領域のコンサルティングに従事。間接材調達領域を中心に，構想策定，業務改革，システム導入，シェアードサービス会社設立，アウトソーシング，海外展開など全方面にわたり支援。2018年より購買トランスフォーメーション・グループのリーダー。

石井　強太
マネージング・コンサルタント

IBM ビジネスコンサルティングサービス（現：日本アイ・ビー・エム）入社。調達改革構想策定からその実行および海外展開，調達システム導入の複数の案件でプロジェクトマネージャーを担当。直近は，プロジェクトと並行して，調達ソリューションの開発，研修の企画・設計・講師も担当。

間接材調達改革の進め方

2019年 8 月 1 日　第 1 版第 1 刷発行
2025年 6 月15日　第 1 版第 3 刷発行

著　者　日本アイ・ビー・エム株式会社
　　　　グローバル・ビジネス・サービス
　　　　事　業　本　部
発行者　山　本　　　継
発行所　㈱中央経済社
発売元　㈱中央経済グループ
　　　　パブリッシング

〒101-0051　東京都千代田区神田神保町1-35
電話 03 (3293) 3371 (編集代表)
03 (3293) 3381 (営業代表)
https://www.chuokeizai.co.jp

© 2019. IBM Japan
Printed in Japan

印刷／昭和情報プロセス㈱
製本／㈲井上製本所

＊頁の「欠落」や「順序違い」などがありましたらお取り替えいた
しますので発売元までご送付ください。(送料小社負担)

ISBN978-4-502-32041-5　C3034

JCOPY〈出版者著作権管理機構委託出版物〉本書を無断で複写複製(コピー)することは，
著作権法上の例外を除き，禁じられています。本書をコピーされる場合は事前に出版者
著作権管理機構(JCOPY)の許諾を受けてください。
JCOPY〈https://www.jcopy.or.jp　eメール：info@jcopy.or.jp〉